بسم الله الرّحمن الرّحيم

Ahmed BEHÇET

FİRAVUN

Tercüme
İshak DOĞAN·

"oku"mak gerek…

Firavun

Yayın No: 10
Bibliyografya Serisi

Yazar
Ahmed BEHÇET

Tercüme
İshak DOĞAN

Kapak & İç Tasarım
Extra Tanıtım Basım ve Ajans Hizmetleri
www.extratanitim.com

Baskı
İnci Ofset
Yeni Matbaacılar Sitesi Hacıbayram Cad.
No:3 Karatay / KONYA
Sertifika No: 14997

Aralık 2012

ISBN
978-605-5573-09-6

Kültür Bakanlığı Sertifika No
15910

YAYINEVİ
"oku"mak gerek...
Aziziye Mah. Mevlânâ Cad. Hendem Sait Çelebi Sok.
Selimiye Çarşısı No:7/C Karatay/KONYA
burckitap.com / kaledagitim@hotmail.com
Tel: 0.332.353 89 05

FİRAVUN AİLESİ

"(Öyle bir) ateş ki, onlar sabah akşam ona sunulurlar. Kıyametin kopacağı günde de, 'Firavun ailesini azabın en şiddetlisine atın' denilecektir." (40/Mü'min, 46)

Niçin sadece Firavun ailesi...?

Azabın en şiddetlisine niçin onlar atılacaklar...?

İşte, aşağıda anlatacağımız hikâye budur... Bu hikâyenin temel konusu sağlam bir bilgi kaynağı olan Kur'an'a dayanmaktadır... Yüce Rabbimiz bize Mûsâ (as) ve Firavun arasında geçenleri gerçek biçimde anlatıyor; Mûsâ ve Hâmân ile olan diyalogunda bize Firavun'u gösteriyor... Yine onu, hânedânı ve Mısır halkı ile birlikte bize gösteriyor... Hatta onu nefsiyle, vicdanıyla baş başa kalmış bir halde de görüyoruz... Yeryüzünün geçirdiği uzun dönemlere rağmen, Firavun, azgınlık konusunda klasik bir örnek olmayı her zaman sürdürmüştür...

Bu azgınlık ve zulüm nedeniyle Firavun, Cehenneme girecek olanların başında olmayı hak etmiştir.

Gelecek sayfalardaki siyasî zorbalık ve zulüm konusundaki çalışmayı 'Firavun Ailesi' diye isimlendiriyoruz... Bu sayfalarda, Kur'an'daki Firavun'un portresini ve kişiliğini sunmaya, azabın bu derecesine ulaşmasını hak etmesinin arkasındaki sırrı açıklamaya çalışacağız... Firavun, yetenekli biriydi; ancak o, yeteneklerini ülkesine zulmetmekte kullandı, böylelikle ülkesinin önde gelen kimselerinden biri oldu...

Firavun'un, zulüm ülkesinde yaptığı en tehlikeli şey, azgınlığı ilk olarak ortaya atması, zulüm ve taşkınlıkta ilk olması idi...

O, iktidar probleminin ilk belirtileri ortaya çıktığında, yönetime geçebilecek kimselerin en önünde yer alıyordu. O, zulüm yöntemleri konusundaki tecrübesiyle diğerlerini geride bırakmıştı. Zulmün daha da ilerletilmesi ve zulüm metotlarının derinleştirilmesi konusunda sorumlu o idi. Gizli şeyleri ortaya çıkarma ve saklanmış kimseleri bulma konusunda uzmandı...

Firavun, kibir ve büyüklenme merdiveninden çıkmaya başlamıştı; neredeyse başı yıldızlara ve bulutlara değiyordu...

O durumda iken, tüm varlıkların rabbi olduğunu ilan etti...

Bu duyuru, Mısır'ın inşasında ve ülke topraklarında zulüm ve köleleştirmeden oluşan sistemi oturtmak için Firavun ve vezirlerinin geçirdikleri yılların son noktasıydı...

Bu konuda başvuru kaynağımız, Kur'an'da Firavun'dan bahseden âyetler olacaktır. Bu âyetlerin tefsiri konusunda müfessirlere yöneleceğiz. Yine kaynaklarımızdan birisi de, Abdurrahman El-Kevakibî'nin 'Tabaiu'l-İstibdad ve Mesariu'l-İsti'bad' adlı eseridir. Bu eserin yazarı, özgürlüğün bedelini, 1902 yılında, bir kahve fincanına konan zehri yudumladıktan sonra ödemişti... Yine bu dönemin özelliklerini öğrenmek için konu ile ilgili Mısır Medeniyet Tarihi adlı eserin Firavun'un Çağı adlı bölümüne bakacağız...

VADİDEKİ ÇIĞLIK

Kitabın adı, "Zulmün Tabiatı ve Köleleştirmenin (Sömürgeleştirmenin) Savaşı"dır.

İlk sayfada Abdurrahman El-Kevakibî şunları yazmış: "Bunlar bir vâdideki gerçek sözler ve atılan bir çığlıktır... Bugün rüzgârla gidersen, yarın kuşkusuz kazıklarla gideceksin..." El-Kevakibî, bu cümlelerle ümitsiz bir şekilde kitabına başlar ve ümitleri yok eder...

Kitaptaki ilk bölümün başlığı bir sorudan oluşmaktadır:

İstibdâd nedir?

Kelime anlamı olarak istibdâd, bir kimsenin kendi keyfî görüşünü kabul etmesi, nasihat kabul etmeyi büyüklenerek reddetmesidir. İstibdâd ile kastedilen, özellikle hükümetlerin istibdâdıdır; çünkü hayat sahibi insanı en kötü ve mutsuz hale getiren istibdâdın en açık zararlarına hükümetler sahiptir.

Siyasîlerin ıstılahında istibdâd, bir birey ya da topluluğun, bir topluluğun hakları konusunda herhangi bir kimseden korku duymaksızın kişisel arzularına göre davranmasıdır...

El-Kevakibî, istibdâdı tarif ederken, kelimenin eş anlamlılarını da zikreder ve şöyle der: "Zalimler, istibdâd kelimesinin yerine şu kelimeleri de kullanırlar: Sömürgeleştirme... Zorlama... Otorite... Tâhâkküm..."

Bu kelimelerin yerine de şunları kullanırlar: Eşitlik... Ortak payda... Benzerlik... Kamusal otorite.

İstibdâdın anlam olarak tarifine gelince, istibdâd, herhangi bir hesap görme ya da ceza ile karşılaşmaktan korku duymadan, arzu ettikleri şekilde halkı idâre eden zalim hükümetlerin bir sıfatıdır...

Zalim hükümetlerin birçok farklı sistemi ve biçimi vardır...

Zulmün en şiddetli seviyeleri, tahta sahip, orduya komutanlıkta bulunan, dînî otoriteye sahip mutlakıyet ile yönetilen hükümetlerdir...

Kevakibî niçin Firavun'dan bahsetmemiştir?

Oysa Firavun, azgınlık ve zulmün klasik bir örneğidir...

O, sınırsız, ölçüsüz biriydi...

Taht sahibiydi...

Ordu kumandanıydı...

Dînî otoriteyi elinde bulunduruyordu, ancak bu otoriteden memnun değildi.

Gelin, Cehennemde son bulan zulmün merdivenlerine tırmanan Firavun'un üzerindeki örtüyü kaldıralım...

FİRAVUN'UN İLAHLIK İDDASI

Firavun o sabah uyandığında, zihni az da olsa karışıktı. Karnında hafif bir şişkinlik hissetmişti. Mermerden yapılmış olan saray hamamına giderken iki-üç kez şiddetli bir şekilde geğirdi...

Hamama girdi, ardından bunu uygun olmayacağını düşünerek dışarı çıktı...

Somurtkan, alnı çatık bir şekilde dışarı çıktı... Özel tabibini çağırmayı düşündü; belki de o, kendisine, karnını rahatlatacak bir içecek verebilirdi... Fakat birdenbire Hâmân'ın kendisini taht salonunda beklediğini hatırladı...

Firavun, canı sıkkın bir şekilde yürüyor, Hâmân ve özel tabibini düşünüyordu. Sonra ilâhlardan birinin heykeli önünde durdu... Heykelin önünde durdu ve yüzünü ekşitti...

Heykel, Mısırlıların tanrısı Apis adlı öküze aitti... Öküzün sadece üç ayağı vardı, dördüncü ayağı kaybolmuştu...

Firavun: "Bir adam, bir ilâhı nasıl kırar?" diye sordu.

Saray sorumlusu: "Yeni hizmetçi kadın, topraktan yapılmış ilâhı temizliyordu. Birdenbire elinden yere düştü ve ayaklarından biri kırıldı..." diye cevap verdi.

Firavun, saray sorumlusunun söylediklerini işitmiyordu. Ağzından çıktığı andan itibaren, sorduğu soru zihninde garip şekilde çınlıyordu...

Ayağı kırıldığı hâlde, o heykel nasıl bir ilâh olabilirdi... Kahrolsun şu Mısırlılar... Kendisine yönelen bir zararı engelleyemeyen bir ilâha nasıl ibadet ediyorlardı... Firavun'un aklında, bu durumu düzeltecek bir şey vardı... Bütün ilâhların, tek bir ilâhta toplanması, birleşmesi gerekiyordu... Sonu ölüm olan bir insan olmasına rağmen, kendi hayatının, bu soğuk, âciz putlardan daha büyük ve iyi olması gerektiğini düşündü...

Firavun, zihninde şekillenmeye başlayan ve bir süre sonra olgunlaşacak olan yeni düşüncesi üzerinde düşünerek yürüyordu... İlâhların kralı olma fikri...

Asaleti ve mavi gözlere sahip olması nedeniyle Firavun'un kanının, Mısırlıların kanından farklı olduğu konusunda eski ve yaygın bir inanış vardı. Bu söylenti, kesin bir inanç derecesine ulaşmıştı. Belki de Firavun'un, bütün Mısır ilâhlarının üstünde bir ilâh olmak için önünde kalan bu son aşamayı geçmesi kolay olacaktı...

Bu fikir tamamen yeni değildi; daha önce, zenginlik ve lüks içinde yaşanılan bazı dönemlerde de çıkmıştı. Bu fikir, bu çağları yorumlamanın en iyi ölçüsü idi...

O hâlde, bu düşüncenin tekrar gündeme gelmesini ne engelleyebilirdi?

Mısır toprakları, onlarca tapınılan ilâhla dolu idi...

Kendisine taptıkları kedi, öküz, yılan ve kurt heykelleri vardı... Huris ve Amonra da vardı...

Mısırlılar arasındaki bu ayrılığa bir çizgi çekmek gerekiyordu...

Bütün Mısırlıların, fayda ve zarar vermeye sahip bir ilâhı kabullenmesi gerekiyordu...

Fayda ve zarar vermeye Firavun'dan daha yetkili kim vardı... Kim...?

Firavun, bu soruyu kendi kendisine sordu, sonra taht odasına doğru ilerledi...

FİRAVUN VE HÂMÂN

Firavun, taht odasına girdi...

Hâmân oturuyordu; hemen ayağa kalktı, sonra eğildi... Dudakları henüz hareket etmeden gördüğü bu saygı karşısında Firavun'un yüzü aydınlandı. Firavun, bir yere girdiğinde orada bulunan kimsenin yerini terkedip saygı gösterisinde bulunmasından hoşlanırdı...

Firavun, Hâmân'a kalkmasını işaret etti; o da hemen doğruldu... Hâmân'ın dudaklarında, mutlulukla aşağılanma arasında yer alan bir gülümseme vardı...

Gülümsemesi, mutlu olduğunu söylüyordu. Ancak o, kendi mutluluğunu ifade etmesine izin vermesi için, Firavun'un da mutlu olmasını bekliyordu... Eğer Firavun üzgün ve mutsuzsa, o da üzgün ve mutsuz oluyordu... Firavun, vezîri Hâmân'ın anlamlı bakışlarını yakaladı, alnını çattı. Hâmân'ın tebessümü bir anda yok oldu... Onun yerini, tereddüt dolu bir endişe kapladı.

Firavun elini kaldırıp konuşması için ona işaret edinceye kadar, Hâmân bir süre sessiz kaldı. Hâmân:

"Efendim! Zihninizi meşgul eden bir şey mi var?" diye sordu.

Firavun karnındaki ağrıyı tekrar hissetti, konuşmadı... Hâmân:

"Yoksa, zât-ı âlilerinizin karnı bir kez daha mı..." dedi.

Firavun başını salladı. Bunun üzerine Hâmân: "Efendim, niçin keneotu yağını içmeyi denemiyorsunuz?" diye sordu.

Firavun öfkeli bir şekilde: "Sana, huzurumda iken keneotu yağını içmekten bahsetmemeni emretmiştim!" dedi.

Hâmân sustu. Rahatsızlığını ifade eden bir sesle: "Saray tabibini çağırayım mı?" diye sordu.

Firavun kekeleyerek: "Eğer ona ihtiyacım olsaydı, onu çağırırdım... Oysa ben, karnımın ağrısından daha önemli bir şeyle meşgulüm..." dedi.

Hâmân, ikiyüzlü bir şekilde: "Ama Firavun'un sağlığından daha önemli herhangi bir konu yoktur..." dedi. Firavun: "Konu, sağlığımla ilgili değil; itibarım ve onurumla ilgili..." dedi. Hâmân:

"Kuşkusuz Mısır Firavunu'nun itibar ve onuru, Mısır'ın itibar ve onurudur... Kim size saygısızlıkta bulunmaya ya da buna kalkışmaya cesaret edebilir...?" diye sordu. Firavun:

"Ey Hâmân, ilâhlar buna cesaret etti..." dedi.

Hâmân, şaşkınlığa düştü... Firavun'un son sözleriyle kastettiği şey neydi? Hâmân, Firavun'un aklından geçirdiklerini dile getirmesini bekledi. Sessiz geçen saniyelerden sonra Firavun:

"Ey Hâmân, Mısır'daki ilâhların sayısının artışının kargaşaya neden olduğunu düşünmüyor musun?" diye sordu.

Hâmân, Firavun'un, birbirinden farklı eski ilâhların arasındaki çekişmeye işaret ettiğini düşündü... Gülümseyerek:

"Eski ilâhlar, ebediyen sessiz kaldılar. Onlardan her biri, kendi bölgesinde etkisini sürdürüyor. Zorluk çıkaracak herhangi biri görünmüyor..." dedi.

Firavun, taht odasında yürürken şöyle dedi: "Ey Hâmân, zekâna rağmen çok safsın! Aklında, tamamen karanlıkta boğulmuş yerler var... Ben bundan bahsetmiyorum..."

FİRAVUN İLÂHLIĞINI İLÂN EDİŞİ

Hâmân, Firavun'a neden bahsettiğini sormak istedi, ancak onun huzurunda aptal görünmekten korktu. O andan itibaren düşünmeye başladı... Firavun'un zihnini meşgul eden ne? Mısır hükümdarı, ilâhların sayısının artmasından bahsettiği kapalı cümleleriyle neyi kastediyordu? İlâhların çokluğu, Mısır'da eski bir olguydu...

Her bölgenin kendisine ait bir ilâhı; her ilâhın da, yüce bir kâhini vardı. Bütün kâhinlerin etkide bulunduğu bir bölge vardı. Eski ilâhlar arasındaki çekişmenin durmadığı doğruydu; ancak son Firavun'un aracılığı ve müdâhalesiyle bu konuda bir karara varılmıştı.

Bu henüz üç buçuk ay önce gerçekleşmişti... O andan itibaren, eski tanrılar arasında sessizlik hâkim olmuş, insanlar da, tanrılarının etkili olduğu bölgelerdeki çekişmeleri ve çarpışmaları bırakmışlardı... Firavun'un şimdi istediği ne?... O'nun söylemek istediği şey neydi?

Hâmân, Firavun'un içinden geçirdiklerini dile getirmesi için bekledi; fakat Firavun, bir eli karnının üstünde olduğu halde taht odasında yürümeye devam etti... Taht odasındaki yürüyüş ona iyi gelmişti; şimdi kendisini biraz daha iyi hissediyordu... Firavun durdu ve aniden Hâmân'a:

"Ey Hâmân, bütün Mısır ilâhlarının tek bir ilâhta toplanması, birleşmesi gerektiğine karar verdim... Ne dersin?" diye sordu.

Hâmân, bilinçsiz bir şekilde:

"Ama nasıl olur bu, efendim...?" dedi.

Firavun durdu. Karın ağrısı tekrar başlamıştı. Öfkeyle:

"Önemli olan benim buna karar vermiş olmam... Ey Hâmân, bunun nasıl olacağını sen bulacaksın... Sen hükümdarın vezîri değil misin? Eğer karar veren ve uygulayan ben olacaksam, senin ne faydan var?" dedi.

Hâmân'ın aklında bir şimşek çaktı... Firavun'a yaklaşarak: "Efendim, tek bir ilâhın hükümdarlığından mı bahsediyorsun?" dedi. Firavun:

"Kastettiğimi anlamaya başladın..." dedi. Hâmân kararsız bir şekilde:

"Fakat... Acaba..." dedi.

Sonra aklındaki ifadelerin buharlaşıp yok olduğunu gördü. Ne diyeceğini bilmiyordu... Mısır'daki ilâhların alanına müdâhale etme çabasının çok tehlikeli bir iş olduğunu söylemek istiyordu... Güven yaklaşımları, bu eski ilâhlarının her birinin kendi bölgesinde özgür bırakmayı gerektiriyordu... Firavun:

"Ne düşünüyorsun ey Hâmân?" diye sordu. Hâmân:

"Efendim... Kuşkusuz tanrı-hükümdar düşüncesi, özel şartları ve konumu olan, eski zamanlara kadar uzanan bir düşüncedir..." dedi. Firavun:

"Şu anda aynı şartları hazırlamayı engelleyen şey ne peki?" diye sordu. Hâmân:

"Kâhinler bu düşünceye karşı çıkacaktır efendim..." dedi. Firavun:

"Bu senin problemin, ey Hâmân... Buna karşı çıkan herkesin göğsüne saplayacağın bir hançeri saklaman gerekiyor... Bu mücadeleyi ortadan kaldırmak sana düşüyor" dedi.

Firavun, son sözlerini öfkeli ve yüksek bir sesle haykırdı.

FİRAVUN HÂMÂN VE KÂHİNLER

Hâmân, düşünmeye başladı...

Aslında kalbinin derinliklerinde kâhinlere karşı sevgi beslemiyordu. Onları, din adamı sıfatlarıyla insanları yönetmek için bir araya gelen, kötü niyetli siyaset adamları gibi görüyordu... Hatta onları, ayrıcalıklar ve otoritenin tamamı kendisine ait iken, ayrıcalıklarının bir bölümünü zorla ele geçirmiş kimseler gibi kabul ediyordu...

Firavun'un teklifi, onun memnuniyetsizliğine neden olmamıştı.

Tam aksine bu teklif, onu dehşete düşürmüştü. Çünkü o, son derece rahat bir şekilde, arzularıyla uyumlu yaşıyordu.

Tanrı-hükümdar düşüncesi, onun için büyük bir sıçrama tahtası idi.

O, şu anda hükümdarın vezîriydi.

Hükümdar, tanrı olduğunda, o da hükümdar-tanrının vezîri olacaktı... Basit bir şekilde bu, etkisinin büyüyeceği ve otoritesinin artacağı anlamına geliyordu...

Konunun en önemli yanı işte buydu. Bunun yanında, Mısır'ın korkunç, kavurucu rüzgârlarına benzeyen başka bir taraf daha vardı ki, o da kâhinler konusuydu... Kâhinlerin, etkileri, malları-mülkleri, adamları ve güçleri vardı.

Hâmân, kâhinlerin duvarında bir delik açabileceği zayıf bir noktayı bulabilmek amacıyla düşünceleri üzerinde daha da yoğunlaştı. Kendi kendisine, kimi ikna edip edemeyeceğini, kimini de öldürmek pahasına da olsa yoldan uzaklaştırıp uzaklaştıramayacağını sormaya başladı… Kâhinlerden kimin kendisine teslim olup, kimin de kendisiyle mücadeleye kalkışacağını soruyordu… Hâmân, kendi hesaplarına göre, Firavun'un güvenlik çemberine girmenin daha iyi olacağı sonucuna ulaştı.

Yine, kendi düşüncesine göre hızlı davranmasını sağlayacak etkenler planladı.

Hızlı ve gizli…

Yatağına dönmeden önce, dün bıraktığı hayattan farklı bir hayatla karşılaşacak olan Mısır halkını uyandıracağından dolayı, kâhinlere darbe vurmak, son derece hızlı ve gizli olmayı gerektiriyordu…

Hâmân, Firavun'un sesiyle düşüncelerinden ayrıldı…

"Hâmân! Niçin gözlerini kapattın?… Uyudun mu?" Hâmân:

"Uyumadım, ben sadece düşünüyordum efendim… Çok kan akacak…" Firavun, hevesli bir şekilde:

"Hâmân, düzgün bir şekilde düşünmeye başlamışsın… Sakıncası yok… Aslında bu kadar çok kan, akması için sebep var!" dedi. Hâmân şöyle dedi:

"Birçok güçlükle karşı karşıya kalacağız… Eğer…" Firavun:

"Eğer, ne?" diye sordu. Hâmân:

"Eğer bu iş, yıldırımdan daha hızlı bir şekilde tamamlanmazsa… Mukaddes Firavun'un isteğinin başarıya ulaşması için gizlilik gerçekten zorunlu…"

Taht odasında yürüyen Firavun gülümsedi... Bu yürüyüşün, yorgun karnını biraz rahatlattığını fark etti... Vezîri Hâmân'a:

"Ne zaman başlamamızı istersin ey Hâmân? Bu gece başlayalım mı? Ay, bu gece tamamlanıyor; ayın dolunay hâlini aldığı zamanla ilgili Mısırlıların birçok hurafesi var... Gökte yaşayan ilâhın, acil bir iş için kâhinleri gökyüzüne çağırdığını söyleyelim. Böylelikle bütün kâhinleri ortadan kaldıralım..."

Firavun, ortaya attığı fikrinden dolayı memnun kaldı ve kahkahalar attı... Mermerden yapılmış taht odasında kahkahaları çınlıyordu.

FİRAVUN VE KÂHİN'LERİN SONU

Firavun'un kahkahaları, Hâmân'ın kalbinde gizli bir şüphe uyandırdı, fakat yine de efendisinin kahkahalarına eşlik ederek ona karşı ikiyüzlü bir tavır sergilemeye başladı...

Diğer taraftan da neşesi yok olmaya başladı...Çünkü Firavun, bütün kâhinleri ortadan kaldırmaktan bahsediyordu... Bu, Firavun'un onların hepsini öldüreceği anlamına mı geliyordu acaba?... Üstelik bu nasıl gerçekleşecekti?... Hâmân, Firavun'un kahkahaları sona erinceye kadar bekledi. Ardından endişeli bir şekilde Firavun'a:

"Efendim, bütün kâhinleri ortadan kaldırmaktan bahsediyorsunuz... Ancak onların aralarında ikna ve etki edilebilecek kimseler var" dedi. Firavun:

"Ey Hâmân, şu anda kendinle çelişiyorsun... Olayın hızlı bir şekilde gerçekleşmesinden bahsetmiştin... Herhangi birini ikna etmeye ya da etkilemeye ayıracak vaktimiz yok..." dedi. Hâmân:

"Firavun, bütün kâhinleri hatta dostumuz olanları da mı ortadan kaldırmak istiyor?" diye sordu. Firavun:

"Bu daha iyi olur, ey Hâmân... Olağanüstü şartlarda, her zaman zayıfın yanında güçlü de yok olur..." dedi. Hâmân:

"Mesele, Firavun'un emrini yerine getirme konusunda zaaf göstermem değil; mesele, hükümdar-tanrı fikrini kabul etmeye hazır olan kâhinlerin varlığı... Onları öldürecek miyiz?" diye sordu.

Firavun, tahtına otururken: "Evet... Şanssızlıklarından dolayı onları öldüreceğiz... Ey Hâmân, onların şansı gerçekten kötü... Bunu görmüyor musun?... Meydana gelecek şeylere şahit olmaları, bize karşı sessiz kalmalarını sağlamaz. İçlerinden biri gevezelik edebilir ya da sırrımızı açığa çıkarabilir... Niçin hepsini baştan başa biçmiyoruz?... Hepsini öldür!" dedi.

Hâmân titreyerek: "Efendim, en güzel görüş bu... Başlangıçta yüce şahsınızın ifade ettiği hikmeti anlayamadık. Ancak bu konuda biraz düşününce, birdenbire bu değerli fikrinizin doğruluğu ortaya çıktı... Peki, eğer bütün kâhinleri öldürürsek, onların yerini kim alacak?" dedi. Firavun şöyle dedi:

"Kâhinlerin uşaklarını, kâhinlerin yerlerine koyacağız... Eğer bir uşağı, hak etmediği bir zirvenin üstüne koyarsan, ebediyen onun dostluğunu kazanmış olursun... Bu emrimin hızlı bir şekilde yerine getirilmesini istiyorum...

Tüm ülkede, hükümdar-tanrının bundan sonra Mısır'a hâkim olacağı ilan edilecek... Diğer bütün tanrılar, ona bağlı olacak ve kendilerini ona karşı sorumlu hissedecekler...

Tanrılar, âciz ve soğuk heykeller olarak kalmaya devam edecekler... Yönetim ve idâreye gelince, Firavun'un bir hakkı olarak bunu bana bırakacaklar.

Hükümdar-tanrı, ilâhlığını gerçekleştirecek...

Anladın mı, ey Hâmân?"

FİRAVUN'UN VEZÎRİ
HÂMÂN'IN ZEKÂSI

Hâmân'ın en büyük özelliği, bir konuyu hızlı bir şekilde kavramasıydı... Anlayış konusundaki üstünlüğüne ancak uygulama yönündeki gücü yetişebilirdi...

Firavun'un istediği şeyi tamamen gerçekleştirdi...

Bir gece kâhinler kayboldu. Sabahleyin, gökyüzündeki âcil bir iş için gittikleri ilân edildi... Kâhinlerin uşakları, eski efendilerinin yerlerine geçtiler ve tam anlamıyla Firavun'a bağlı kimseler oldular...

Mısırlıların arasında, tanrılar arasında bir geçişin meydana geldiği ilân edildi. Her insanın, seçtiği tanrıya ibadet etme özgürlüğü vardı. Ancak bu tanrının, sonunda Firavun karşısında boyun eğeceğini bilmesi gerekiyordu.

O tanrılar, onun için varlıklarını sürdürecek, ona boyun eğecek ve onun emirlerini yerine getireceklerdi...

Kısaca, Firavun, bütün ilâhların kendisine muhtaç olduğu bir sembol hâline geldi...

Firavun'un emri tamamen gerçekleşti... Karın ağrısı geçti; hazımsızlık konusunda çektiği acıların, kâhinlerden kaynaklandığı ortaya çıktı. Onlar ortadan kalkınca, sıkıntı ve acılar da yok oldu...

Mısırlılar, kâhinlerin nereye gittiğini soruyorlardı...

Bu konuda birçok görüş vardı... Kimileri, onların gökyüzüne yükseldiğini, kimileri de onların yeryüzüne indiklerini söylüyordu... Kimisi, onları bir bulutun üzerinde gördüğünü, kimisi de onların öldürüldüğünü ve mumyalanmadan gömüldüklerini iddia ediyordu... Buna karşı gelenler ise onların mumyalandıktan sonra hızlı bir şekilde gömüldüklerini söylüyordu...

Olay, mumyalanma konusunda içinden çıkılmaz bir hâl alıyor, asıl konu karanlıkta kalıyordu... Asıl konu sürekli olarak karanlıkta kalıyor, Firavun'un emrine boyun eğmiş olan insanlar, konuyla ilgili tartışmalarda bulunuyorlardı...

Firavun'a gelince, o, iktidarını hükümdar-tanrı şeklinde yürütmeye başlamıştı... Bu görüşmelerin sonucu, kâhinlerin mülkleri, toprakları ve altınları ona geliyordu. Kendisine hizmet eden İsrailoğullarının gücü de bunlara ilave olmuştu. Böylece Firavun'un serveti, Kârun'un servetinden sonra Mısır'daki en büyük servet oldu... Mısır topraklarının ziraata uygun olmadığını biliyoruz. Eğer ekim-dikime uygun olduğunu düşünürsek, bütün Mısır'ın, Firavun'un mülkü olduğunu görürüz... Bunun anlamı, Firavun'un serveti, Kârun'un servetini aşardı...

Firavun, bu aşamadan sonra rahatladı ve olağan hayatına tekrar döndü... Âdeti üzere sabahları Hâmân'ı görür, ondan diğer haberleri alır, en önemli direktif ve emirlerini ona söylerdi...

O sabah Firavun, Hâmân'ın kendisine haberleri anlatırken, konuşmasının tam ortasında Mûsâ'nın Mısır'a ulaştığı haberini vermesiyle şaşırdı... Firavun:

"Mûsâ... Mûsâ kim?" diye sordu.

FİRAVUN'UN HÂMÂN'A
ZOR SORUSU ?

Hâmân: "Efendim, Mûsâ'yı unuttu mu?.. Nil'e atılmış bir sandukada bulduğumuz ve eşinizin, yüce sevgi ve şefkatiyle terbiyesini üstlenmiş olduğu Mûsâ..." Firavun:

"Ah... Mûsâ... Şimdi hatırladım... Mısır'dan kaçmadan önce, bir Mısırlıyı öldürmemiş miydi o?" diye sordu. Hâmân:

"Evet." Firavun:

"Niçin onu yakalamadılar?" Hâmân:

"Mûsâ, on yıl önce Mısır'dan çıktı efendim. Bu süre içinde, zaman aşımından dolayı hakkındaki ceza düştü..." Firavun:

"Anladım... Mûsâ ile ilgili bana hangi haberi vereceksin... Kuşkusuz Mûsâ, İsrailoğullarına bağlıdır... Onlar ise bizim hizmetçilerimizdir. Firavun'un vaktini, hizmetçilerle ilgili haberlerle doldurarak, beni önemsemeyecek bir noktaya mı geldin?... Delirdin mi ey Hâmân... Bu saçmalıklar için vaktimin olduğunu mu düşünüyorsun..." dedi. Hâmân:

"Efendim... Haberlerin, yüce varlığınızı ilgilendirmediğini biliyorum. Ancak eşinize, Mûsâ'nın geldiği haberi ulaştı. Eşiniz onu görmek istedi, Mûsâ da onun yanına gitti..." dedi.

Hâmân, "Mûsâ'yı gördüğünde, yüce kraliçemiz heyecanlanıp ağlamış" derken sesini alçalttı... Firavun:

"Bu haberin herhangi bir öneminin olmadığı ortaya çıktı. Zaten bir süredir Mûsâ da ortalıklarda yoktu... Zavallı eşim... O, kendisini doğurmadığı hâlde Mûsâ'yı oğlu gibi kabul ediyor... Saraydaki bütün cariyelerime rağmen bir çocuğum olmadı...

Hükümdar-tanrı olan bir kimsenin, çocuk sahibi olamaması üzücü değil mi, ey Hâmân? Mısır tabiplerinden bütün ahmakların, bu problemi tedavi konusunda başarısız olması bir trajedi değil mi?

Kraliçe, Mûsâ ile buluştuktan sonra ne oldu?" Hâmân:

"Efendim, uzun bir süre konuşmuşlar..." dedi. Firavun:

"Kraliçenin konuştuktan sonra tepkisi ne oldu?" diye sordu. Hâmân:

"İlk ağlama olayından sonra, yüce kudret ve makam sahibi kraliçemiz iki ya da üç kez gülümsedi...

O'nunla konuştuğundan dolayı memnun olduğu görülüyordu..." Firavun, öfkeli bir şekilde:

"O, bir çocuğunun olacağını hayâl ediyordu... İnsanlar üstündeki bu otoritemin varlığına rağmen, nasıl oluyor da nefsime sahip olamıyorum?... Karın ağrımı nasıl olur da gideremiyor ya da bir çocuğumun olmasını sağlayamıyorum... Burada bir yanlış var ey Hâmân... Hayatın oluşumundaki bir hata...

Bunu görmüyor musun?..." dedi.

Hâmân, son sorudan sonra dikkat kesildi... Ne diyeceğini bilemedi. Firavun'un, hayatın oluşumundaki hata yüzünden -vezîri olması nedeniyle- kendisini sorumlu tutmasından korktu... Bir süre sessiz kaldı... Yüzüne, bu zor soruya nasıl cevap vereceğini bilemediğinden dolayı suçlu bir gülümseme yayıldı.

FİRAVUN VE KRALİÇE'NİN GÖZYAŞLARI

Akşam yemeği için masada otururlarken, Firavun, hanımına:

"Bana, Mûsâ'yı kabul ettiğin haberi ulaştı..." dedi. Kraliçe: "Mûsâ ne kadar da değişmiş... Sanki büyüttüğüm çocuk o değil... Olgun ve önemli biri olmuş..." dedi. Firavun: "O'nun katil olduğunu unutma!" dedi. Kraliçe:

"O'nun katil olduğunu söyleme... Katil değil... O'nu ben yetiştirdim ve içini ben bilirim... Mûsâ, onu düşmanından uzak tutmak için yumruk atmış... O'nu öldürmek istememiş; zaten asla bir kötülük yapmayı düşünmez...

O, bir adamın diğerini öldürmesini engelledi... Amacı iyilik yapmaktı..." dedi. Firavun:

"Söylediklerin konusunda seninle tartışmayacağım... Fakat bütün dikkatini, tamamen boşa giden bir şeye çekmeyi istiyorum...

Mûsâ'nın ittiği adam, Mısırlıydı; savunduğu kimse ise, İsrailoğullarındandı... Mısırlı efendi, diğer adam ise hizmetçi idi. Efendinin, hizmetçisini terbiye etme hakkı vardır..." dedi.

Firavun'un eşi sustu, önündeki meyveyi çevirmekle ilgilendi... Firavun sözlerine devam etti:

"Bütün Mısırlıların şefkatli babası ve onların tanrısı olmam nedeniyle, efendilere, hizmetçilerini terbiye etme hakkının verilmesi gerekir... Mûsâ'nın yaptığı şey, Firavun'un sarayı ve otoritesini zora soktu... Sen, Firavun'un sıkıntı çekmesini istiyor musun?"

Kraliçe, hayır anlamında başını salladı. Sonra tekrar heyecanlandı, etkilendi ve ağladı... Firavun, kraliçenin gözyaşları karşısında şaşkına döndü... Öfkeli bir şekilde ona:

"Şimdi niçin ağlıyorsun?" diye sordu. Kraliçe:

"O benim oğlum... Ya da oğlum konumunda..." dedi. Firavun:

"Kraliçe, hararetli savunması arasında Mûsâ'nın peygamberlik iddiasını, İsrailoğullarından birinin, onları Firavun'un elinden kurtaracağı ve onun elinde Firavun'un helâk olacağı konusunu tamamen unutmuş... Kraliçe bunu unuttu mu?" diye sordu.

Kraliçe, aniden gözyaşlarını silerek: "Sen bu peygamberliği kabul ediyor musun, ey Firavun?" dedi. Firavun gülerek:

"Ben hiçbir şeyi kabul etmiyorum... Ancak en kötü şartlar ve ihtimallere göre hareket ediyorum... Bu, hikmet ve tecrübedir... Mûsâ ne istiyor?... Hangi konuda konuştunuz?" dedi. Kraliçe:

"Bana sadece isteklerini söyledi... Bana tüm söylediği, seni görmek istediği ve sana önemli bir haber getirdiği idi" dedi. Firavun:

"Kraliçe delirdi mi?... Ben... Firavun... Mûsâ'yı göreceğim!... Niçin?... Ne zamandan beri hükümdar-tanrı birisi, hizmetçilerinden birisine kendisini görmesine izin veriyor?... Hem bana getirmiş olduğu haber saçmalığı da ne?... O haberi bana getirmesi için kim onu görevlendirmiş?... İstek, reddedilmiştir... Mûsâ'yı görmeyeceğim... Vaktimi bu saçmalığa ayıramam..." dedi.

FİRAVUN'UN ÖFKEYLE AYAĞA KALKMASI

Mûsâ'nın, Firavun ile görüşme isteği ikinci defa tekrarlandı...

Bu kez, bu istek Hâmân'ın konuşmasıyla dile getirildi... O sabah, konuşmasının başında Hâmân:

"Efendim... Mûsâ, resmî olarak sizinle görüşmek istiyor..." dedi.

Firavun öfkeli bir şekilde ayağa kalktı ve bağırarak:

"Buna nasıl cesaret eder?... Nasıl?" dedi. Hâmân, sakin bir şekilde:

"Efendim, sizin varlığınız, İsrailoğulları arasında yeni bir algıya neden oldu... Bu algı, emniyet açısından beni endişelendiriyor..." dedi.

Firavun, emniyet konusu geçtiğinde tamamen sakinleşti. Vezîrine:

"Neyi kastediyorsun... Ne oldu?" diye sordu. Hâmân:

"Benzerlik gösteren birkaç olay meydana gelmiş. Eğer bu olayları düşünür ve aralarında bağ kurabilirsek, başlamakta olan bir isyan olduğunu anlarız. İsrailoğulları, Mûsâ'nın gelişinden sonra değiştiler... Dün, onlardan üçü çalışmayı reddetmiş ve efendilerine karşı gelmiş... İsyanın hemen bastırılması doğru bir karar, ancak ben tedirginlik hissediyorum... İsrailoğulları arasında şu anda yayılan genel bir güven havası var. Kendi halklarını sıkıntıdan kurtaracak ve özgürlüklerini kazanacak bir kimsenin gelişinden bahseden eski peygamberlik iddialarını hatırlıyor musun? Bu peygamberlik iddiası, asık suratlı bir şekilde geri döndü ve bu günlerde gittikçe yayılıyor... Meydana gelen şeylerden dolayı huzurlu değilim efendim... Hiç kimse, Mûsâ'nın kalbinden nelerin geçtiğini bilmiyor. Hiç kimse, onların halklarını kurtaracak bu kurtarıcı ile olan ilişkisini bilmiyor...

Bu yüzden, eğer Mûsâ sizi görmek istediyse, bu, onun gerçek niyetini öğrenebileceğimiz önemli bir fırsat olur..." dedi.

Firavun biraz düşündü, sonra:

"O halde sen, benim Mûsâ'yı görmemi tavsiye ediyorsun, öyle mi?" diye sordu. Hâmân:

"Evet... Emniyet tedbirleri için..." Firavun:

"Onu görmeyi kabul etmem, alçaldığım ve onurumu yok ettiğim anlamına gelir..." dedi. Hâmân:

"Efendim, Mûsâ'nın bu sarayda yetiştiğini unutmayın. O, sizin oğlunuz sayılır. Yüce kraliçemiz onu sevmiş, onu oğlu gibi kabul etmişti...

Yüce Firavun'un, kraliçe eşinin isteği için bunu yaptığını söyleyeceğiz..." dedi.

Firavun biraz düşündü ve:

"Sakıncası yok... Mûsâ'ya beni görmesi için bir randevu ver... Onunla taht salonunda buluşmak istiyorum... Vezirlerin, valilerin ve komutanların, altından yapılmış elbiselerini giymelerini istiyorum...

Askerî görünümün, Mûsâ'nın kalbini göğsünden çıkarmasını istiyorum... Daha önce hiç görülmemiş, sadece taç takma kutlamalarında olan bir gösteriş ve görkem istiyorum...

İsrailoğullarını tanırım... Onların altına karşı olan zaafları eski ve meşhurdur... Yine, Mûsâ'yı hayrette bırakmak, gözlerini kamaştırmak istiyorum..." dedi. Hâmân:

"Başüstüne efendim..." dedi, ardından eğildi. Doğrulduğunda, gitmek için izin istedi...

FİRAVUN'UN SARAYINDA HAZIRLIK

Hâmân, Mûsâ ile Firavun arasında gerçekleşecek ilk görüşmenin organizasyonundan kendini sorumlu tuttu. Buluşma sahnesi, Firavun'un sarayı idi... Hâmân, o gece hükümdarın güvenlik güçlerinin kat kat arttırılmasını emretti...

Herkese altından yapılmış elbiseler giymelerini emretti. Bu elbiseler, altından ipeklerle dokunmuştu. Yine Hâmân, alevlerin altına yansıması ve böylelikle pırıltılarının daha da belirgin hâle gelmesi için mumların sayısının arttırılmasını da emretti... Gösterişli papirüs kâğıtlarına, altın suyu ile davetiyeler yazıldı; bu davetiyeler Firavun'un vezirlerine, saray amirlerine, ordu komutanlarına, yeni kâhinlere ve Mısır'da önde gelen her şahsa gönderildi...

Taht salonu geniş ve etkileyiciydi... Firavun'un tahtı, altın ve fildişinden yapılmıştı... Altının parlaklığı ve fildişinin beyazlığı, heybet ve güzelliği birlikte gösteren müthiş bir etki meydana getiriyordu... Salonda, Firavun'un tahtı dışında oturacak bir yer yoktu.

Sadece o oturudu... Maiyetindeki diğer kimselerin hepsi, onun huzurunda ayakta beklerlerdi...

Buluşma günü yaklaştı. Hâmân'ın gözleri, Mûsâ'nın niyetini öğrenmek için İsrailoğulları üzerinde dolaşıyordu. Ancak İsrailoğulları, durumu anlamasını zorlaştırmak için çeşitli hikâyeler anlatmaya başladılar... Bazı casuslar, Mûsâ'nın Medyen'den Mısır'a dönerken, yolda mukaddes bir ateş gördüğünden bahsettiler... Diğer bazı casuslar da, Firavun'a gitmesi için Mûsâ'ya Sînâ vâdilerinden bir vâdide seslenildiğini anlattılar...

Hâmân, bu tuhaf hikâyelerden hiçbir şey anlamadı... Hangi mukaddes ateş ve Mûsâ'ya seslenen kim? Firavun'a götürmekle sorumlu tutulduğu risâlet ne?

Bu işte herhangi bir entrika olabilir miydi?...

Örneğin Mısır'a dışardan bir saldırı olabilir miydi?.. Kapalı bir risâletle gönderilmiş bir peygamber şeklini alarak saldırabilirdi...

Hâmân'ın zihninde onlarca ihtimal ve şüphe dolaştı... Tereddüt ve korkuyla karışık bir endişe hissediyordu...

Olayların açıklamasını ve analizini Firavun'a yapması gerekiyordu, ancak buna güç yetiremezdi. Çünkü kendisi de henüz bir şey anlamamıştı... Firavun'un bu konuda kendisine soru sorduğu o tek seferde, Hâmân şöyle dedi:

"Efendime, işittiğim şeyler konusunda şaşırdığımı itiraf ediyorum. İsrailoğulları, Sînâ'da iken Mûsâ'nın gördüğü bir ateşten bahsediyorlar. Sonra Mûsâ'ya yönelen bir sesten ve Firavun'a taşımakla sorumlu tutulduğu bir risâletten... Bu risâletin içeriği ne...? İşte bilemediğim bu. Bu işin tamamı bana ağır bir delilik gibi gözüküyor... Mûsâ'nın maddî ya da bu tarz bir yardım istemek için zât-ı âlilerinizle buluşmak istemesi düşüncelerimi sakinleştirecektir.

Şu ana kadar meydana gelen olayların mantıklı tek açıklaması ancak budur..."

FİRAVUN VE MÛSÂ'NIN KARŞILAŞMASI

Buluşma günü geldi…

Firavun hânedânı, Firavun'dan önce geldi; cariyeler, sarayda meyve ve içeceklerle dolaştı… Şarkılar söylendi… Güzel kokular döküldü. Sonra salona Hâmân girdi… Hâmân: "Mısır başvezîri ve Firavun'un kulu olan ben, saygı değer hükümdar, denizlerin efendisi, şeref ve onurun evladı, gök tanrısı Huris'in ortağı, güneş tanrısı Ra'nın meşrû çocuğu, hükümdar-tanrı olan efendim Firavun'u takdim ediyorum…" diyerek Firavun'un geldiğini ilan etti… Hâmân bu cümlelerden sonra eğildi…

Salonda bulunan herkes onun ardından eğildi ve ağır bir sessizlik etrafı kapladı…

Firavun yürüdü, tahtına ulaşınca oturdu… Sonra altın asâsını, insanların kendisine karşı saygı ifadesi olarak yaptıkları eğilme davranışını sona erdirip kalkmalarına işaret etmek için tahta vurdu.

Firavun, Hâmân'a:

"Ey Hâmân, bugün bizi kim görmek istiyor?" diye sordu. Hâmân:

"Uzun zamandır gözden kaybolmuş birisi efendim… Yüce hükümdarımızın oğlu gibi bu sarayda yetişmiş bir insan… Aslında o, kölelik hükümlerinin uygulandığı bir topluluğa bağlı… Bütün bunların yanı sıra, efendimin sevgisini kazanmak istedi. Yüce hükümdarımızın eşsiz cömertliğine şahit olmak istedi... İşte o kimse Mûsâ'dır, efendim... Beraberinde kardeşi Hârûn var. Her ikisinin yanında, İsrailoğullarından önde gelen üç kişi de var...

Girmeleri için onlara izin vereyim mi, efendim?" dedi.

Firavun, çevresine göz gezdirerek:

"Tanrının yetkinliklerinden biri de, bir süre uzak kalmış da olsa, kölesinin istekte bulunmasına izin vermesidir... Ne yapalım?... Bu, hükümdarlığın ve tanrılığın zorluklarından biri işte..." dedi.

Firavun, cümlesinin ardından güldü... Onun ardından Hâmân ve Hâmân'ın işaretiyle salonda bulunan herkes güldü.

Kahkaha sesleri son bulunca, Firavun elini kaldırdı ve:

"Mûsâ'yı getirin..." dedi.

Hükümdarlık muhafızları, taht salonuna açılan bekleme odasının kapısını açtılar, Mûsâ, Hârûn ve İsrailoğullarından önde gelen üç kişi içeri girdi... Mûsâ, beyaz ve kalın yünden yapılmış bir elbise giymişti. Etkileyici sakalı, göğsüne doğru iniyordu... Elinde aslında bir meyve ağacının dalı olan, kalın bir asâ vardı... Firavun, Mûsâ'nın asâsını görür görmez, öfkelendi ve canı sıkıldı... Bir kimse, elinde bir asâ olduğu halde Firavun'un huzuruna nasıl girebilirdi?... Hükümdarlık asâsını elinde tutan sadece Firavun'du... Onun dışındaki misafirlere ve hizmetçilere gelince, onların ellerinde bir şey taşımaları gerekmiyordu...

FİRAVUN VE MÛSÂ'NIN GÖRÜŞMESİ

Meydana gelen hatayı tek fark eden Firavun değildi... Hâmân hatayı hemen fark etmiş ve kendi kendisine, hükümdarın huzuruna girerken, muhafızların Mûsâ'nın asâsını elinde tutmasına nasıl izin verdiklerini sormuştu... Bu nasıl olabilirdi?

Konuk odasındaki muhafız subayı bundan sorumluydu. Hâmân, onu korkunç bir şekilde cezalandıracaktı...

Firavun, Hâmân'a baktı... Hâmân, Firavun'un sessiz mesajını hemen anladı. Mûsâ'nın, Firavun ile olan görüşmesi sona erinceye kadar asâsını misafir odasında bırakması, çıkarken alması gerekiyordu...

Hâmân, hareket etmek istedi... Mûsâ'nın yanına gitmek ve ona, asâsını getirmekle hata ettiğini söylemek istedi... Firavun, elinde asâsını taşıyan hiç kimseyi kabul etmezdi... Hâmân, bu düşündüklerini söylemek için Mûsâ'ya doğru harekete geçmek istedi, fakat Firavun'un gözlerindeki bakış, onu yerinde durdurdu...

Firavun, bakışlarıyla: "Şimdi değil, ey ahmak!... Gerçekleşen hatayı düzeltme vakti geçti..." diyordu.

Mûsâ yürüdü, Firavun'un huzuruna ulaştı... Mûsâ, Firavun'a ne diyeceğini düşünüyordu...?

Kendisine gelen ilâhî emir, Firavun'a gitmesini emretmişti... Yine ona, Hârûn ile birlikte, belki öğüt alır ya da korkar diye Firavun'a yumuşak sözler söylemesi de emredilmişti... Mûsâ'nın zihninde, Firavun'a söyleyeceği yumuşak ifadeler dolaşıyordu... Kalbinde yer alan ve dilinde tekrarlayıp durduğu sözlerin sertliğini ve kırıcılığını iyileştirmek için daha fazla bir çaba harcaması gerektiğini hissediyordu...

Mûsâ durdu, beraberindekiler de durdu... Firavun'un huzurunda eğilmediler... Hâmân, ikinci kez, Mûsâ'nın, Firavun'un huzurunda eğilmesi gerektiğini anlamamış olmasının nedeninin saray subayı olduğunu anladı...

Subay bu hatanın karşılığını ödeyecekti. Bunun karşılığı korkunç olacaktı...

Firavun'un sıkıntısı ve öfkesi arttı... Mûsâ'nın asâsına küçümser bir ifade ile baktı... Göğsünde kaynayan öfkenin ortasında, korkuya neden olan gizli ve meçhul bir ürküntü meydana geldi. Firavun'un kaynağını ve nereden geldiğini bilemediği bir korku... Firavun'a, karanlıklar içinde kalmış bir çocuk hissini hatırlatan bir korku... Gizli bir korku... Ağır ve kasvetli... Firavun, bu korkuyu içinden atmak istedi... Komutanlarının ve subaylarının kılıçlarından bir nebze huzur alabilmek için çevresine bakındı... Kılıçlar, kalbine güven aşılamadı ve korku dalgası kendisini savurdu...

Mûsâ durdu, selâmlamak için elini kaldırdı:

"Hidâyete tâbi olanlara selâm olsun..." dedi.

Garip bir selâmlamaydı bu... Firavun, bu selâmlamanın tuhaflığını hemen hissetti... Mûsâ, niçin Firavun'a selâm olsun demedi?

FİRAVUN'A MÛSÂ'NIN SELÂMI

Firavun, Mûsâ'nın selâmlamasında geçen ifadeleri garip karşıladı. Kibirli kimselerin selâma karşılık verdiği şekilde başını öfkeli bir şekilde salladı. Sonra Mûsâ'nın söylemeye başladığı garip sözlerine dikkatini verdi...

Mûsâ şöyle diyordu: "Âlemlerin Rabbi olan Allah'a hamd olsun... Selâm, Allah'ın mümin kullarından, hidayete tâbi olanlara olsun... Ey büyük Firavun! Şüphesiz âlemlerin Rabbi olan Allah, sana idârecilik ve büyüklük verdi. Sana, kendi ihsanı ve cömertliğinden mülk ve yönetim, hikmet ve cesaret verdi. Kullara, âlemlerin rabbinden daha çok merhamet eden kimse yoktur. Sen, dünya hayatında Mısır'a sahipsin, onu yönetiyorsun. Âhiret hayatında da bir cennete sahip olabilirsin. Bunun için yapman gereken, takva üzere olmaktır... İşte cennetin yolu budur."

Firavun, Mûsâ'yı susturmak için elini kaldırdı...

Mûsâ, istemeyerek de olsa sustu... Firavun, sormaya başladı:

"Sen, herhangi bir güç ve kudreti olmayan, meçhul bir çocuk iken Nil nehrinden aldığımız Mûsâ değil misin? Ey Mûsâ, önce soruma cevap ver..." Mûsâ:

"Evet. Ben, Firavun'un Nil nehrinden çekip aldığı çocuğum..." dedi. Firavun:

"Sen, bu sarayda yetişen, bu sarayın ekmeği ve nimet-
lerini yiyen çocuk değil misin?" Mûsâ:

"Evet" dedi. Firavun, sormaya devam etti:

"Biz seni, bu sarayda çocuğumuz gibi gördük. Eşimin
kalbi senin sevginle doldu… Sonra büyüdün ve yetişkin bir
adam oldun, ondan sonra ne yaptın… Unuttun mu?

Bir adam öldürdün… "Sonunda o yaptığın (kötü) işi de
yaptın. Sen nankörün birisin!" (26/Şuara, 19)

Mûsâ: "O işi, o anda sonunun ne olacağını bilmeyerek
yaptım. Sizden korkunca da hemen aranızdan kaçtım. Sonra
Rabbim bana hikmet bahşetti ve beni peygamberlerden kıl-
dı." (26/Şuara, 20-21)

Firavun, diyalogunda, Mûsâ'yı kendisini savunma du-
rumunda bırakması konusunda başarılı olmuştu.

Diyaloglarında Firavun'un genellikle tarzı böyle idi. Hu-
zurunda duran kimseyi kendisini savunmakla meşgul eder-
di. Ona karşı suçlamalarda bulunurken, onu ölçer ve aley-
hinde bir takım hazırlıklar yapardı. Mûsâ, savunma konu-
munda kalmış ve kendisinin kasıtsız bir şekilde öldürdüğü-
nü söylemişti. Öldürmek istememiş, bu tür bir niyet de ta-
şımamıştı… Sadece ona bir yumruk atmış, o da ölmüştü…
Yine Firavun, Mûsâ'yı, cezalandırılmaktan korktuğu için Mı-
sır'dan kaçtığını itirafa zorladı. Firavun'un anlamadığı şey,
Mûsâ'nın sözlerinde geçen şu son kapalı ifadelerdi: "Sonra
Rabbim bana hikmet bahşetti ve beni peygamberlerden kıl-
dı." (26/Şuara, 21)

Mûsâ'nın Rabbi kim olabilirdi?.. Kim onu peygamber
kılmıştı? Kim onu göndermişti? Peygamber olarak gönde-
rilmesindeki amaç ne?

Firavun: "Ey Mûsâ... Sen bir rabbin, sana hikmet bahşettiğini ve seni peygamberlerden kıldığını söyledin... Bu hangi rab?" diye sordu. Mûsâ:

"Tüm eksikliklerden uzak olan, âlemlerin Rabbi" dedi. Firavun:

"Âlemlerin Rabbi dediğin de nedir?" (26/Şuara, 23) dedi.

'Âlemlerin rabbi kimdir?' demedi, tam aksine, büyüklenerek ve alaycı bir şekilde 'âlemlerin Rabbi de nedir?' dedi...

FİRAVUN SORUYOR

Firavun sormaya devam etti:

"Âlemlerin rabbi de ne?..." Mûsâ, kendinden emin ve güçlü bir sesle cevapladı:

"O, göklerin, yerin ve ikisi arasında bulunan her şeyin Rabbidir." (26/Şuara, 24)

Firavun, çevresindekilere baktı ve alaycı bir şekilde:

"İşitiyor musunuz?" dedi.

Firavun, Hâmân ve bütün Mısırlılar alaycı bir şekilde güldü. Mûsâ'nın sesi, Firavun'un alayını aşarak, kahkaha seslerinin arasında yükseldi... Mûsâ:

"O, sizin de Rabbiniz, daha önceki atalarınızın da Rabbidir..." (26/Şuara, 26) dedi.

Kahkahalar kesildi ve ağır bir sessizlik hâkim oldu... Firavun, duruma hâkim olamayacağını anladı. Birdenbire durdu ve Mûsâ ile birlikte gelmiş olanlara yöneldi ve onlara:

"Size gönderilen bu elçiniz mutlaka delidir..." (26/Şuara, 27) dedi.

Firavun bu sözü söylerken Mûsâ'ya döndü ve ona işaret etti... Mûsâ, Firavun'un kendisini 'delilikle' suçlamasına aldırmadı ve âlemlerin Rabbi hakkındaki sözlerine devam etti...

"Şayet aklınızı kullansanız (anlarsınız ki), O, doğunun, batının ve ikisinin arasında bulunanların Rabbidir." (26/Şuara, 28)

Son ifade, onların akletmeyen kimseler olduğu suçlamasını içeriyordu...

Firavun, ifadeyi anladı; kan beynine sıçradı. Korkunç bir öfke ile boğulduğunu hissetti...

Öfkesi, onu konuşmaktan alıkoyuyordu... Firavun, Hâmân'a işaret etti ve: "Hâmân! Gel ve Mûsâ'ya, olanlar hakkındaki fikrimizi söyle..." dedi.

Hâmân, Firavun'un kendisinden yardım istediğini anladı. Hemen kılıcını kınından çıkardı ve Mûsâ'ya doğru yöneldi:

"Ey Mûsâ... Sen gerçekten bir delinin söyleyebileceği sözler söylüyorsun... Sözlerinle bütün sınırları ve engelleri aştın... Karmakarışık sözlerinden, Firavun dışında başka bir ilâh olduğunu anladım... Bu ülkenin tek bir tanrısının olduğunu, onun da Firavun olduğunu bilmiyor musun... Sözlerin, seni kanuni ceza hükmü altına sokuyor... Seni öldüreceğimizi söylemiyorum... Çünkü Mısır kanunları, delileri öldürmez... Çünkü onlar, sözlerinden ve fiillerinden dolayı sorumlu tutulamaz..." dedi.

Bütün muhafızlar geldiler, kılıçlarını kınlarından çıkardılar; Mûsâ, Hârûn ve beraberindekileri kuşattılar...

Herkes, Mûsâ'yı yakalamak için Firavun'dan bir işaret gelmesini bekledi... Firavun tahtına döndü, oturdu ve Mûsâ'ya:

"Benden başkasını tanrı edinirsen, andolsun ki seni zindanlıklardan ederim!" (26/Şuara, 29) dedi. Mûsâ:

"Sana apaçık bir şey (mucize) getirmiş olsam da mı?" (26/Şuara, 30) dedi. Firavun:

"Doğru söyleyenlerden isen, haydi getir onu!" (26/Şuara, 31) dedi.

FİRAVUN'UN NEFESİNİ TUTTUĞU AN!

Rabbimiz şöyle buyurur: "Bunun üzerine Mûsâ asâsını yere attı. O hemen apaçık bir ejderha oluverdi! Ve elini (cebinden) çıkardı. Birdenbire o da seyredenlere bembeyaz görünüverdi." (7/A'raf, 107-108)

...

Firavun, Mûsâ'ya meydan okuduktan sonra, Mûsâ, ikinci adımı atmak için kalbine ilham gelmesini bekledi. Allah Teâlâ, ona elindeki asâyı yere atmasını vahyetti. Mûsâ elini kaldırdı, âsayı bıraktı. Asâ, cilâlı granitlerden yapılmış salonun zemini üzerine düştü. Salonun zeminine düşen asâ, orada bulunan herkesin bakışlarını çeken bir ses çıkardı... Böylece salondaki sessizliğin ortasında, bütün bakışlar, düşen asâya çevrildi... Asâ, salonun zeminine değer değmez, çıkan ses git gide azalmaya başladı... Asâ, apaçık bir ejderhaya dönüştü.

Ejderha, kimsenin daha önce görmediği tuhaflıkta ve irilikte idi. Mısırlılar nefeslerini tutmuş, ejderha, muhafızların oluşturduğu dairede sürünüyordu. Ejderhanın hareketiyle birlikte, daire gittikçe genişlemeye başladı... Hatta Firavun'un muhafızları, kendilerini taht salonunun birbirinden uzak duvarlarına yapışacak kadar geriye çekildiklerini gördüler...

Firavun'a gelince, onunla ejderha arasında, kendisini ondan uzak tutacak herhangi biri yoktu... Firavun, tahtına sıkıca yapıştı; beklemediği bir anda gelişen bu olay çok korkunçtu... Ejderhanın kendisine yönelmemesi için nefesini tuttu... Ejderha, her yönde hareket ediyor, gözlerini kırpmayan Firavun'a dik dik bakıyordu... Firavun'un kalbi, kucağına düşmüştü sanki...

Hâmân'a gelince, kılıcı elinde, ejderha ise önünde idi. Ancak kılıcı tutan elini garip bir korku sardı. Ejderha bir hareketiyle Hâmân ile karşı karşıya kaldı... Hâmân, duyduğu aşırı korkudan dolayı ne yapacağını bilemedi. Soğuk bir ürperti, bütün sırtına yayıldı; zorluğuna rağmen elini açtı, ardından elindeki kılıç düştü.

Kılıç, zemine düşerken, rahatsız edici bir ses çıkardı... Ancak ejderhanın tıslaması ve sesi, başka herhangi bir sesin verdiği rahatsızlıktan daha şiddetliydi...

Herkesin bakışı, ejderhanın üstünde toplanmıştı. Bütün insanlar, bu eşsiz korkudan dolayı sanki yerlerinde çakılmışlardı.

Mûsâ, korkunun orada bulunanları neredeyse öldüreceğini anladı, Firavun'un duyduğu dehşetin tam ortasında ejderhaya doğru ilerledi ve onu yakaladı...

Mûsâ, ejderhaya dokunur dokunmaz, ejderha, elindeki asâya dönüşüverdi... Bu asâ, salona getirmiş olduğu asâ idi...

Meydana gelen olayın verdiği korku insanların üstünden gittikten sonra homurdanmalar ortalığı kapladı... Firavun, endişeli bir şekilde tahtında sağa-sola hareket etti... Havanın serinliğine rağmen, yüzünde bol bol ter birikmişti... Mûsâ sesini yükseltti, herkes ona kulak verdi...

Mûsâ: "Bu, âlemlerin rabbi olan Allah'ın bana göndermiş olduğu mucizelerin ilkidir... Başka bir mucize daha var..." dedi.

FİRAVUN'A ÖZEL MESAJ

Mûsâ, Firavun ve Firavun hânedânına sordu:

"Doğrulamak ve desteklemek için Allah'ın bana göndermiş olduğu diğer mucizeyi size göstereyim mi?"

Kimse ona cevap vermedi... Ne Firavun, ne Hâmân, ne de başka bir Mısırlı... Sessizlik, dilleri bağlamıştı...

Kuşkusuz ilk mucizenin etkisi, henüz oradaki ağırlığını sürdürüyordu. Bu yüzden, kimse konuşmadı... Mûsâ, elini kalın, yünden olan abasının altına koyarken:

"İşte bu, ikinci mucizedir..." dedi.

Firavun hânedânı ve Firavun'un bakışları, abasının altında kaybolan Mûsâ'nın eli üzerinde yoğunlaştı. Sonra abasından çıkarırken yine bakışlar ona kitlendi...

Mûsâ, elini ay gibi parlayan, beyaz bir şekilde çıkardı...

Sarayın bütün mumları ve ışıkları, bu yeni nûrun önünde sönük kaldı... Bu nûr, orada hazır bulunan herkesin yüzüne aksetti...

Bu nûr o kadar kuvvetliydi ki, birçok el, bu nûrun parıltısına karşı gözlerini perdelemeye kalkıştı... Firavun, gözlerini kapatmak için ellerini kaldırdı, parmaklarının arasından bu nûra bakmaya çalıştı, ancak başaramadı.

İlk mucize, boyun eğdiren mucizelerden biri iken, ikinci mucize, lütuf mucizelerindendi. İlk mucize, yüce ve heybetli bir etki bırakırken, ikinci mucize güzel bir etki bırakmıştı...

Mûsâ, bir süre sonra, elini olağan bir şekilde yanına bıraktı... Salonu aydınlatan etkileyici nûr, ortadan kayboldu...

Bu nûr, ne tamamen ay, ne de güneş ışığına benzemiyordu. Şimşeğin çıkardığı ışığa da benzemiyordu... Nûr, farklı bir türde ve farklı bir maddeden idi... Tamamen bilinmeyen bir maddeden...

Güzeldi... Salonda bulunanların üstüne yansıyınca, onları güzel, hoş, uyum ve güven duygularıyla doldurdu. Mûsâ, elini abasının altına tekrar koyup, nûr kaybolunca, Firavun gibi, Firavun hânedânı da bir kez daha mum ışıklarının karanlığına gömüldüler...

Mumların ışıkları, beliren ve bir süre sonra kaybolan bu nûr karşısında tamamen karanlığa benziyordu. Mûsâ, insanlar kendilerine gelinceye kadar sustu, sonra şöyle dedi:

"Şüphesiz âlemlerin Rabbi, beni kardeşim Hârûn ve bu iki mucize ile destekledi. Ey Firavun, bizi sana iki mesajla gönderdi: Genel mesaj ve özel mesaj. Birincisine gelince, sana söyleyeceğim söze ilavede bulunma: "Sizin O'ndan başka bir ilâhınız yoktur. Hâlâ Allah'tan korkmaz mısınız?" (23/Mü'minûn, 32)

İlk mesaj bu... İkinci ve özel mesaja gelince, o, benim şu sözümdür: "Biz, senin Rabbinin elçileriyiz. İsrailoğullarını hemen bizimle birlikte gönder; onlara eziyet etme!" (20/Tâhâ, 47)

Firavun, söylenenlere iyi bir şekilde kulak verdi, sonra kalktı ve: "Git şimdi ey Mûsâ! Biz seni daha sonra çağıracağız... Herkes gitsin... Hâmân ve Yüce Bakanlar Kurulu kalsın... Efendiler, toplantı sona ermiştir!" dedi.

FİRAVUN VE ÎMÂN'LI AMCASI

Herkes gitti...

İlk anda, Mûsâ, kavmiyle birlikte çıktı... Ondan sonra Mısır'ın önde gelen adamları ve kadınları sessizce ayrıldı. Yüce Bakanlar Kurulu ve Firavun dışında kimse kalmadı...

"Firavun: Bu salonda ne olduğunu bana anlatabilir misin?" diye sordu. Hâmân:

"Evet efendim... Meydana gelen şeyler, tuhaftı..." dedi. Firavun, öfkeli bir şekilde:

"Ben senden olayları tarif etmeni istemiyorum... Çünkü ben de senin gibi gördüm... Nedenlerini tahlil etmeni istiyorum... Olanlar nasıl oldu?... Asâsı olduğu halde Mûsâ'ya benimle buluşması için nasıl izin verildi?" Hâmân:

"Evet, ey hükümdar-tanrım... Bu, tüm hataların birbiri ardında gelmesine neden olan bir hataydı... Bu işten sorumlu olan muhafız subayı, bu dikkatsizliğinin karşılığını ödeyecek..." dedi.

Firavun döndü ve:

"Olanlar neydi?... Olanların açıklamasını istiyorum..." dedi.

Hitap, herkese yönelikti. Hâmân, söyleyecek bir şey bulamadı. Yaşlı ve heybetli biri dışında bakanlar da bir şey söyleyemedi. Bu yaşlı kimse, Firavun hânedânından,

Firavun'un amcası konumunda, îmânını gizleyen bir mümin idi...

Bu bakan elini kaldırdı, Firavun, konuşması için ona işaret etti... Bakan:

"Ey bilge Firavun... Şüphesiz Mûsâ, iki açık mucize getirdi... Asâ, herkesi korkutan, korkunç bir ejderhaya dönüştü. Tuhaf bir ejderhaydı. İçimizden hiçbiri, bu büyüklükte ve bu türde bir şeyi asla görmemişti.

İkinci mucizeye gelince, ilkinden daha şaşırtıcıydı... Koltuk altına elini koyduktan sonra elinden çıkan nûr, bir dünya nûru değildi... Dünya ışıklarından herhangi bir ışık tortusuna benzemiyordu...

Gerçekten Mûsâ, Allah tarafından gönderilen bir elçi ise ne olur?... Onun doğru söylediğine inanmak üzereyim..." dedi. Hâmân karşı çıktı:

"Tam aksine, o bir yalancı... Özür dilerim, ey bakan... Mûsâ, şüphesiz bir yalancıdır... Onun gördüğü ateş ve kendisine vahyedilen risâlet hikâyesi, saçmalık ve delilik masallarıdır... O yalan söylüyor... O, sihirbazdır... Yalnızca bilgili bir sihirbaz...

Bizi etkileyen hîlesi, Mısır'daki meşhur sihirbazların basit hîlelerinden biridir..." dedi.

Firavun, yaşlı bakanın ve Hâmân'ın söylediklerini dinledi. Firavun, şunu dedi:

"Doğru söyledin ey Hâmân... Doğru söyledin... Mûsâ, sihirbazdır... Ne eksik, ne fazla; tam da söylemek istediğim şeyleri söyledin!

Efendiler, hükümdar-tanrılık sistemini ortadan kaldırmak için gelen bir adamla karşı karşıyayız. Bu, büyük bir ihânetle ilişkili olarak yorumlanabilecek bir komplodur..."

Hâmân:

"Evet... Büyük bir ihânet olayıyla karşı karşıyayız" dedi.

FİRAVUNUN REJİMİ BATIYOR

Firavun'un bakanlara ait toplantısı sona erdi, herkes dağıldı. Firavun, yatağına çekildi... Ateşinin arttığını hissediyordu. Terlemesine rağmen, anormal bir öfkeyle titriyordu. Firavunî rejim tarihinin inşa ettiği her şey, şu anda başına çökmek üzereydi... Firavun'un yüceliği, hükümdartanrının rejimi ve Mısır hükümdarlığı...

Bütün bunlar, ebediyen Firavun'un elinden çıkabilirdi...

Bunun nedeni, Mûsâ'nın kendisini peygamber olarak gönderen âlemlerin Rabbinden getirdiği şeylerdi... Mûsâ'nın yenilmesi gerekiyordu... Bunun dışında herhangi bir alternatif yoktu... Mûsâ'nın, sahneden silinmesi gerekiyordu... Firavun, niçin onun öldürülmesini emretmedi de, sağ-salim bir şekilde sarayını terk etmesine izin verdi? Bu soru, Firavun'un aklında tekrar edip duruyordu. Bu sorunun tek bir cevabı vardı: Firavun, korkmuştu...

Peki, ama neyden?... Bilinmiyor... Korkusunun kaynağı neydi? Bilinmiyor... Hakkında tüm bilinenler, onun bulunduğu yerde donduğu ve emirler savurduğuydu... Mûsâ onu büyülemişti. Firavun'un kapıldığı bu ani zaafı ve anlaşılamayan korkuyu açıklayan tek bir yorum vardı: Mûsâ onu büyülemişti...

Firavun, Mûsâ'nın sihirbaz olduğundan emindi. Hâmân, Mûsâ'nın içyüzünü hemen anlamıştı; yarın, Mûsâ'nın öldürülmesi emrini verecekti... Sabahleyin yatağından kalktığında, bunu iyice hatırlaması gerekiyordu.

Firavun uyumaya çalıştı, ancak bu uyku, kâbuslar, korkunç rüyâlar ve hayâletlerle dolu endişeli bir uyku idi.

Firavun, bir rüyâ gördü; rüyâsında, savaş arabasında idi. Arabası denizde gidiyordu, ancak Firavun, arabanın suların üzerinde nasıl gittiğini bilmiyordu. Garip bir rüyâydı, aklı almıyordu. Birdenbire, asâ sayesinde sular ikiye ayrılıyor, ortaya çıkıyordu. Sonra asâ, apaçık bir ejderhaya dönüşüyordu. Firavun, savaş arabasında korkudan sinmiş bir şekilde oturuyordu. Ancak ejderha, dişlerini arabanın tahta kısımlarına geçiriyor ve onu parçalıyordu... Araba parçalanıyor, onunla birlikte Firavun da sularda boğuluyor... Firavun öyle korkunç bir çığlık attı ki, hem kendisi uykudan uyandı, hem de eşini uyandırdı... Kraliçe, saray tabibinin acele bir şekilde Firavun'a gelmesini istedi. Firavun'un gözleri boş boş bakıyor, titriyordu; bütün bedeni sudan sırılsıklam olmuştu...

Doktor: "Ne oldu ey hükümdar-tanrım... Ne hissediyorsun?" diye sordu. Firavun:

"Bir rüyâ gördüm, rüyâmda suda boğuluyordum... Bu gece tüm rüyâlarım, boğulmakla son bulacak... Ey doktor, dağlara benzeyen uykunun dalgalarında beni boğulmaktan kurtaracak bir ilaç istiyorum..." dedi.

Tabip, ona sakinleştirici bir içecek verdi. Çok geçmeden, Firavun derin bir uykuya daldı... Firavun, sabahleyin kararlı ve sakin bir şekilde kalktı. Sanki dün gece olanlar, başka bir insanın aklına gelen, erişilmesi zor hayâllerdi. Karmakarışık bir şekilde, başka bir insan ona bunları hikâye etmişti...

Hâmân'la buluşmak için küçük taht salonuna girdiğinde, Firavun'un zihni, tamamen boştu.

FİRAVUN'UN MÛSÂ İLE GÖRÜŞME İSTEĞİ

Hâmân, toplantı sabahı, olayı değerlendirerek, Firavun'a şöyle dedi:

"Efendim… Bu sabah, bütün Mısır, dün gece meydana gelen haberlerle kaynıyor… Sanki kuşlar, haberleri Mısır'ın en uzak noktasından en yakın noktasına taşımışlar…

Mısır'daki tüm insanlar, dün taht salonunda meydana gelen şeylerden konuşuyor… Bütün insanlar konuşuyorlar; Mûsâ efsanesi, İsrailoğullarının gözlerinde iyice büyüdü. Onlar, şimdi Mûsâ'nın onları çıkaracağı vaadine uygun bir şekilde Mısır'dan ayrılmak için hazırlanıyorlar…" Firavun:

"Kimin çıkışı?" dedi. Hâmân:

"İsrailoğullarının çıkışı… Mûsâ, dün sözlerinin sonunda, Allah'ın kendisini iki mesajla gönderdiğini söylemedi mi? Sana olan mesajı, ilâhına îmân etmen; diğer mesaj da, İsrailoğullarını bırakman ve onlara işkence etmemendi" dedi. Firavun:

"Evet, evet… Mûsâ bunu söylemişti… Gerçekten şaşırmış bir durumdayım ey Hâmân…" dedi. Hâmân:

"Neden dolayı efendim…" Firavun:

"Saray tabibi dün bana bir şurup verdi. Ondan sonra derin bir şekilde uyudum; tek bir rüyâ bile görmedim… Hâlâ uyuduğumu biliyor musun ey Hâmân?" dedi. Hâmân:

"Efendim, nasıl?" diye sordu. Firavun:

"Sanki uykudaymışım gibi sakinim... Dinle ey Hâmân... Dün işittiğimiz Mûsâ'nın hikâyesi, aklımda çok net değil... Belki de, Mûsâ'nın bize yaptığı sihirden, ya da saray tabibinin bana verdiği uyku şurubundan dolayı böyle... Her halükârda, bir karara ulaştım" dedi. Hâmân:

"Hangi karara, efendim?" diye sordu. Firavun:

"Benimle tek başına görüşmesi için Mûsâ'yı çağır... Huzuruma, asâsı olmadan gelsin... Ona sorular sormak, ilâhının ve hikâyesinin gerçek yüzünü anlamak istiyorum... Dünkü anlatışında birçok kapalı şey vardı" dedi. Hâmân:

"Olanlardan bahseden ve susmayan diller hakkında ne yapacağız?" diye sordu. Firavun:

"Bırak insanlar konuşsunlar... İsrailoğullarına acımasız davran...

Çünkü onlar bugün, Firavun'un yenilmiş olduğunu söylüyorlar... Bırak söylesinler... Mûsâ, ilk oturumu kazandı, fakat Mûsâ ortadan kaldırılacak... Sahneden tamamen silinecek... Şimdi... Mûsâ'nın varlığının kendileri için hiçbir şey ifade etmediğini anlayıncaya kadar, İsrailoğullarının gözünü korkutman gerekiyor. Mûsâ'nın kendisine gelince, o öldürülecek; işte aldığım karar bu... Mûsâ'nın öldürülmesi gerek" dedi. Hâmân:

"Efendim, eğer bunun gerçekleşmesi sizin mutlu edecekse, bu işi ayarlamayı bana bırakın. Bugün mü öldürelim?" diye sordu. Firavun, panik içinde:

"Hayır, hayır... Bugün değil... Sana, infaz gününü belirleyinceye kadar bekle... Şu anda tüm istediğim, onu anlamak...

Mûsâ'nın, âlemlerin Rabbinden getirdiği mesajla ilgili öyküyü saran kapalılığı açmamız gerekiyor... Dinle ey Hâmân... Bu gece yarısı, bana Mûsâ'yı tek başına getir... Asâsı olmadan... Ona birkaç soru sormak istiyorum" dedi.

FİRAVUN'UN SUBAYLARININ SORUŞTURMASI

Mûsâ'ya, Firavun'un huzuruna asâsıyla girmesine izin veren Firavun'un iki subayı tarafından yapılan araştırma raporlarından biri...

....

O gün, Firavun divanının büyük müfettişlerinden biri olarak gittim ve oradaki subaya aşağıdaki soruları sordum:

Soru: Firavun sarayındaki misafir salonundan sorumlu olan subay sen misin?

Cevap: Evet.

Soru: Mûsâ, salona beraberindeki asâsıyla mı girdi?

Cevap: Evet.

Soru: Asâsı olduğu hâlde Firavun'un huzurunda durmasına nasıl izin verdin, buna nasıl göz yumdun?... Krallığın saray gelenekleri bunu onaylıyor mu?

Cevap: Hata işledim... Fakat Firavun'un şerefi üzerine yemin ederim ki, elinde asâ görmedim.

Soru: Görevini bütün samimiyetiyle yerine getirmeyip, herhangi bir şeyi fark edemeyen subayı nasıl isimlendirirsin?

Cevap: Dikkatsiz subay...

Soru: Hakkındaki suçlama sadece dikkatsizlik değil... Komutanlığın hakkında da bir şikâyet var. Bize ulaştığına göre, İsrailoğulları içinde çok yakın bir arkadaşın varmış ve onunla sık sık görüşüyormuşsun... Mûsâ'yı, asâsıyla Firavun'un huzuruna çıkması için bırakmaktan daha büyük bir hata işleyerek, o gece, o arkadaşınla buluşmuşsun... Şimdi... Görevini yerine getirme konusunda, arkadaşın ve hatan arasındaki ilişki nedir?

Cevap: Herhangi bir ilişki yok... Firavun'un şerefi adına buna yemin ederim...

Soru: Aralarında bir ilişki olmadığını nasıl bilebiliriz?

Cevap: Firavun'a olan hizmetimdeki samimiyet...

Soru: Bir sihirbazın, asâsıyla huzuruna girmesine izin vermen, Firavun'a hizmetindeki samimiyetinden mi?

Cevap: Hayır.

Soru: Bundan sonra Firavun'un sana güvenebileceğine inanıyor musun?

Cevap: Hayır.

Sonuç: Suçlu suçunu itiraf etti, sözleri araştırıldı ve hakkındaki rapor yetkililere sunuldu. Görevinden azledilmiş, askerî rütbeleri sökülmüş ve Firavun, hakkındaki görüşünü belirtinceye kadar hapiste kalmasına karar verilmiştir...

İkinci subayın soruşturmasına gelince, onun soruşturması kısa sürdü... O, saray kapısında durmakla sorumluydu... Bu subay, Mûsâ'nın asâsıyla girmiş olduğunu inkâr etmiş ve beraberinde herhangi bir asâ görmediğini söylemişti... Ardından, bu asânın, Mûsâ'nın ulaşmasından önce

Firavun'un sarayına gizlice girdiğini söyledi... Daha sonra bundan sorumlu olmadığını, çünkü sorumluluğunun, saray kapılarının güvenliği ile sınırlı olduğunu, saraya girdiğinde, Mûsâ'nın yanında bir asâ görmediğini ifade etti...

İfadesi araştırıldı, hakkındaki rapor yetkililere sunuldu. O da görevinden azledildi, askerî rütbeleri söküldü ve Firavun, kendisi hakkındaki görüşünü belirtinceye kadar hapiste kalmasına karar verildi.

FİRAVUN'DAN BİR ANLIK
KORKAN MÛSÂ

Firavun'un elçisi, kendisine: "Firavun, bu gece seni görmek istiyor…" dediğinde, Mûsâ, kalbinden gizli bir korku hissetti…

Mûsâ, endişesini gizlemeye çalışarak:

"Ne zaman gideceğim?" diye sordu. Firavun'un elçisi:

"Gece yarısından sonra… tek başına…" dedi.

Elçi dönüp gitti; Mûsâ, olayı zihninde evirip çevirmeye başladı… Firavun, niçin onu tek başına görmek istiyordu?

Firavun, kendisini öldürmeyi mi düşünüyordu?… Hapse atmak mı istiyordu?… Kendisi için ne tür bir şey hazırlanmıştı?… Mûsâ, öldürülme ya da hapse atılma düşüncesinden korkmuyordu… Çünkü Allah Teâlâ, kendisini koruyacağına dair söz vermişti… Kendisinin gördüğünü ve işittiğini, her şeyi yönettiğini ve koruduğunu Mûsâ'ya bildirmişti… O hâlde Mûsâ'nın korkmasına gerek yoktu…

Ancak Mûsâ, Firavun'un sarayında yetişmişti. Bu saraydaki işlerin nasıl yürüdüğünü herkesten daha çok bilirdi. İnsanların sonlarını belirleyen son kararın, sürekli olarak tek bir zalimin, Firavun'un elinde olduğunu bilirdi…

Mûsâ, Firavun sarayının gizemlerinden, son derece tabiî bir şekilde kalbini korkutan şeyin ne olduğunu fark etmişti…

...

O sırada Firavun, sarayında Hâmân'ın karşısında oturuyordu... Her ikisi de, Mûsâ'yı ortadan kaldırmak ve yenilgiye uğratmak için son bir planı devreye koymakla uğraşıyorlardı.

Şu anda, her ikisinin üzerindeki mucizelerin etkisi de kaybolmuştu... Akılları, büyük entrikacıların bildiği özel şekilde çalışmaya başladı. Firavun, Hâmân'a:

"Mûsâ'nın kavmini prangaya vurmamız gerekiyor ey Hâmân... Mûsâ'nın varlığının, onları koruyamayacağı ya da onları emniyete taşıyamayacağı, tam aksine kendilerine yapılan işkence ve acıyı daha da arttıracağını bilmeleri gerekiyor." dedi. Hâmân:

"Efendimin bu konuda güven duymasını isterim... Mûsâ'nın kavmini prangaya vuracağız... Erkeklerini öldürmek ve kadınlarını erkeksiz bırakma konusunda daha önce izlediğimiz siyasete döneceğiz..." dedi. Firavun:

"İsrailoğullarını ve Mısırlıların gözünü korkutmak için bu gerçekten önemli; ancak bu korkuyu, alaycı bir gülümsemeyle yaymamız gerekiyor... Ama nasıl? Bunu düşün ey Hâmân..." dedi. Hâmân:

"Anladım, efendim... Şehirlere, Mûsâ ile dalga geçen, mucizelerini alaya alan, bütün olanları gerekli bir espri dairesinde açıklayan kimseler göndereceğiz... Böylece Mûsâ, kavmi için değersiz biri olacak... Mûsâ gelmeden önce kendilerine işkence ediliyordu, kendilerine geldikten sonra da işkence görecekler... Yine Mûsâ, bütün insanların alay konusu olacak!" dedi.

Yüksek rütbeli bir subay içeri girdi ve Hâmân'ın kulağına:

"Mûsâ gelmiş... Asâsını bırakmış... Tek başına gelmiş. Girmesi için ona izin vereyim mi?" diye fısıldadı.

FİRAVUN VE ASÂ'SIZ MÛSÂ

Firavun, Mûsâ'yı içeri getirmelerini emretti...

Asâsız bir şekilde, tek başına girdi... Kalın ve beyaz yünden bir elbise giymişti... Büyük bir sıkıntı çeken cesur bir adam gibi tebessüm ediyordu... Ancak korkmuyordu... İmanının sağlamlığını ve davasının doğruluğunu hissediyordu... Mûsâ içeri girdiğinde, Firavun:

"Ah... Mûsâ, ikinci kez geldi... Ey Mûsâ, Mısır'ı idâre etme görevinde Firavun'u meşgul ettiğini görmüyor musun?... Bu kez ne istiyorsun?" dedi. Mûsâ:

"Ben bir şey istemiyorum... Hükümdar Firavun beni istemiş" dedi.

Firavun, Mûsâ'nın sözünü iyice dinledi, memnuniyetsizliğini gösteren bir şekilde gülümsedi. Mûsâ'ya:

"Niçin hükümdar olan Firavun'a tanrı demiyorsun?... Sen bize, âlemlere hükmeden bir rabden bahsettin... Bu nedenden dolayı mı, bir ilâh olarak benim otoritemin karşısında duruyorsun?... Söylediklerini seninle tartışmak için seni çağırdım. Seninle, eğitim ve terbiyesini bu saraydan alan, bu sarayın prenslerinden ve çocuklarımızdan biri gibi konuşacağım...

Sen, bütün rejimi zorda bırakıyorsun ey Mûsâ... Sözlerinde çok aşırıya kaçtın, ancak ben sana hoşgörülü davranma taraftarıyım... En nihayetinde sen, içinde yetiştiğin bu saraya mensupsun...

Şimdi, sana bir soru sormak istiyorum...

Bize seni bir risâletle gönderen kim demiştin?" Mûsâ:

"Beni gönderen, âlemlerin rabbi olan Allah'tır."

"Seni nasıl gönderdi ey Mûsâ?"

"Yüce Rabbim benimle Sînâ dağında konuştu."

"Rabbin konuşuyor mu?"

"Evet..."

"Niçin doğrudan benimle konuşmuyor? Niçin Rabbin beni aşıyor, seninle konuşuyor da benimle konuşmuyor... Ben, Mısır'ın Firavunuyum... Bu nehirler, benim emrim altında akıyor... Ben, bu ülkedeki en güçlü kimseyim...

İlâhın nasıl beni aşıyor, sana risâlet veriyor da bana vermiyor...

Ey Mûsâ... Bize anlattığın hikâye çöküyor, iki sütun üstünde dahi duramıyor... Sana başka bir soru daha soracağım ey Mûsâ...

Bu Rabbin nerede?... Niçin bize görünmüyor?" Mûsâ:

"O, göklerdedir... Her yerdedir..." Firavun:

"Niçin seninle konuştu ve benimle konuşmadı?"

Mûsâ, Firavun'a bakarak: "Ey hükümdar... Şüphesiz Allah, dilediği kimseyi elçisi olarak seçer... Allah beni seçmiş... Benimle konuşmuş ve mesajını iletmem için sana gelmemi emretmiş... Ey Firavun, seni, Allah'ın rahmetine çağırıyorum... Eğer bunu kabul etmezsen, o hâlde İsrailoğullarını benimle birlikte gönder ve onlara işkence yapma..." dedi. Firavun, Mûsâ'nın sözlerini kesti:

"Bu isteğini tekrarlaman, ihânet şeklini alıyor ey Mûsâ... Geçen sefer hepimizi büyülemiştin... Şimdi ne asân, ne de büyülerin var... Sana gerektiğinden fazla katlandım..."

FİRAVUN'UN KARŞISINDA MÛSÂ'NIN SAKİNLİĞİ

Mûsâ: "Sihirbaz değilim ey kral... Asâ, benim bir sihrim değil; o sadece Allah'ın bir mucizesidir... Allah bana, onu Mukaddes Vâdi'de yere atmamı emretmişti. Asâyı orada elimden yere attığımda, asânın dönüştüğü şey karşısında dehşet duydum...

Asânın neye dönüşeceğini ben de bilmiyordum... Firavun'un şaşırdığından daha fazla şaşırmıştım..." dedi. Firavun:

"Ey Mûsâ, olayın özü bu değil!" dedi. Mûsâ:

"Olayın özü ne?" diye sordu.

"Asâ ve âlemlerin rabbi hikâyesinde iddia ettiğin ihânet büyü." Mûsâ:

"Asâ sihir değildi. Âlemlerin Rabbi konusunda anlattıklarımla ihânet etmedim... Gerçeği söyledim..."

Firavun, sözü bitirmesini işaret ederek ayağa kalktı.

Mûsâ'ya eşlik eden bir grup asker, onu asâsına götürdü; oradan da kavmine döndü...

Firavun, Hâmân ile yalnız kaldı... Firavun için balık ve içkiden oluşan hafif bir akşam yemeği hazırlandı. Firavun, yemek yerken içki içerdi... Yemek yiyip içki içerken, konuşmaya devam ederdi... Hâmân:

"Firavun, Mûsâ hakkında ne düşünüyor?" diye sordu. Firavun:

"Soru sormakta benden önce davrandın... Sana sormak istiyorum: Mûsâ hakkında ne düşünüyorsun? Onun gerçekten deli olduğuna inanıyor musun?... Üstünde delilik izi görülmüyor!" Hâmân:

"Sâkin ama delilik de var" dedi. Firavun:

"Beni en çok korkutan Mûsâ'nın sâkinliği ve sebatı... Ve elinde taşıdığı asâ..." Hâmân:

"Firavun'a, onu memnun edecek haberler getireceğim..." dedi.

Firavun, Hâmân'ı geri çekti ve: "Bir de, herhangi bir hastalığı olmadan bembeyaz çıkardığı eli var... Bütün bu dertler ortasında hangi haber beni memnun edebilir..." Hâmân:

"Mûsâ'nın, bilge bir sihirbaz olduğu üzerinde ittifak etmiştik" dedi. Firavun, onun sözlerini keserek:

"Sihirbaz değil... O bir hain" dedi. Hâmân:

"Her iki sıfata da sahip olmasında sakınca yok... Sihirbaz ve hain... Onu, her iki açıdan da tedavi edeceğiz..."

Firavun, çözüm arar gibi: "Hâmân... Beni iyi dinle... Bütün Mısır'ın, bu yakın tehlikeye karşı birleşmesi gerekiyor...

Bütün Mısırlıların tek bir görüşe inanması gerekiyor ki, o da benim görüşüm... Anladın mı?" dedi. Hâmân:

"Efendim, benim işim bu... Anladım... Yüce Firavun'un söylediklerini gerçekten anladım... Onun için planlar hazırlayacak ve tedbirler hazırlayacağım... Yarın, Firavun'un tekrarladığı her şeyi, bütün Mısır tekrarlayacak... Bu konuda tek bir görüş olacak, o da majestelerinin görüşüdür...

Kalan insanların, bu tek görüşe bağlılık konusunda yarışmaları gerekir. Bununla birlikte Firavun'u uyarıyorum... Efendimin, Mûsâ'ya gereğinden fazla önem vermemesi gerekiyor... Çünkü bu, majestelerinin hazım olayını etkiler; Mûsâ, bu durumdan daha önemsizdir..." dedi.

FİRAVUN'UN KULE YAPTIRMASI

Firavun, Hâmân'a: "Beni sevdiğin çok açık, ey Hâmân..." dedi.

Hâmân, duyduğu sevinçten dolayı kabardı: "Sevgi kelimesi bunu ifade edemez efendim... Ben, efendime kullukta bulunuyorum... Size ibadet ediyorum" dedi. Firavun:

"Bu güzel... Benim güvenimi hak ediyorsun ey Hâmân... İşte Firavun'un başvezîrinin görevi budur... İlâhına güvenmek" dedi. Hâmân:

"Evet." Firavun:

"Mûsâ'nın, göklerde olduğunu iddia ettiği tanrı hikâyesini işittin mi?... Ona nasıl ulaşabiliriz ey Hâmân?"

Firavun kısa bir süre sustu, düşünmeye başladı, sonra şöyle dedi:

"Ey Hâmân, bana yüksek bir kule yap; belki yollara, göklerin yollarına erişirim de Mûsâ'nın İlâhı'nı görürüm! Doğrusu ben onu, yalancı sanıyorum." (40/Mü'min, 36) Hâmân:

"Göklere ulaşmak için bir kule inşa etmeye gerek yok... Mûsâ kesinlikle bir yalancı!" dedi. Firavun:

"O'nun yalancı olduğunu biliyorum... Ancak ben, bizzat görmek için sana bir kule inşa etmeni emrediyorum." Hâmân:

"Başüstüne efendim... Yarından itibaren kule inşaatı başlayacak... Bütün problem, göklerin gerçekten uzak bir mesafede yer alması... Kulenin, para ve çalışmaya ihtiyacı olacak..." dedi. Firavun:

"Ele geçirdiğimiz kâhinlerin mallarından al. Kulenin inşasında İsrailoğullarını kullan. Onlar, karşılıksız bir iş gücünü oluştururlar... İsrailoğullarının kendilerini, Mûsâ'nın yalanını ispat etmede kullanman güzel bir şey olacak" dedi. Hâmân:

"Eşsiz bir fikir bu... Etkileyici... Mükemmel... Başlangıçta ben fark edemedim, fakat Firavun Hazretleri onu fark etti... Efendimin zekâsı önünde eğiliyorum" dedi. Firavun:

"Kule inşaatı olayının, bizzat Mûsâ olayından daha önemli tutulmasını istiyorum... Mûsâ'ya karşı bir şeyler tertiplemek, bakışları ondan çevirmek, onu aşağılamak, küçümsemek ve alçaltmak gerekiyor..." dedi. Hâmân:

"Firavun Hazretleri doğru söyledi... Onur ve itibar, Firavun Hazretlerine aittir." Firavun:

"Sen bu cümleleri çok sık tekrar ediyorsun... Ey Hâmân, itibar nedir?" diye sordu. Hâmân:

"İtibar, onurdur; onur, yücelmek ve büyük bir değer kazanmaktır..." dedi.

Firavun, kahkahalar atarak güldü... Hâmân'a: "Benim için bir sürprizinin olduğunu söylemiştin..." Hâmân:

"Evet... Mûsâ'yı tamamen ortadan kaldıracak bir teminat..." dedi. Firavun, suçlayıcı bir şekilde:

"Bu kadar önemli olduğu hâlde, niçin bu kadar geciktirdin ey ahmak?" dedi. Hâmân:

"Geciktirmedim efendim... Şu anda, Mûsâ'yı yenmeleri için Mısır'daki tüm sihirbazlarla anlaşma yapıyorum... Bize, Mûsâ hakkındaki haberler ulaştı... O gerçekten bir sihirbaz... Ama sadece bir sihirbaz... O'na, bize sihir yapan benzerleriyle karşı koyacağız... O'nu yenecek, böylece ondan tamamen kurtulmuş olacağız...

Mesele, oldukça basit efendim..." dedi. Firavun:

"Ey başvezîr... Sen gerçekten, hükümdar-tanrının memnuniyetini hak ettin... Senden memnunum, beni mutlu ettin!" dedi.

Hâmân eğildi; mutluluktan içi içine sığmıyordu.

FİRAVUN'UN KULE İNŞAATI BAŞLIYOR

Kampanya başladı...

Yüksek bir kule inşa kampanyası... Bununla birlikte, Mûsâ'nın çağrısını da ortadan kaldırma kampanyası başladı... Mûsâ, sihirbazlıkla ve asâyı ejderhaya çevirmekle suçlandığı gibi, Mısır halkının ortasında delilikle, yalancılıkla, göklerde yaşayan bir ilâh hakkında saçma sapan hikâyeler anlatmakla suçlandı... Mısır şehirlerinde en basit sihirbazların sığındığı hîle buydu...

Mûsâ ile ilgili uydurma suçlamalar girdabının ortasında, şarkılar, marşlar ve genel bir coşkuyla bu girdabın ortasında yükselen bir kule inşaatına başlandı. Hâmân, bizzat mühendislerle görüştükten sonra, göklere uzanabilen bir kule inşa etmenin mümkün olmadığını anladı. Kulenin bir bölümünün inşasıyla yetindi, kalan bölümün, şarkılar eşliğinde tamamlanmasını emretti...

Hâmân, kule inşasının, Mûsâ'yı yenilgiye uğratma amacından daha çok onun propagandası ile ilişkili bir problem olduğunu fark etti. O andan itibaren doğru yönde adım attı ve Mısır'ın dört bir yanındaki tüm sihirbazları bir araya getirmek için haberciler gönderdi... Sihirbazlar, Hâmân'la birlikte oturdular... Hâmân, İsrailoğullarından, elindeki asâyı ejderhaya çeviren bir sihirbazla ilişkili küçük bir problem olduğunu onlara anlattı... Hâmân, bu problemin Firavun'u endişelendirdiğini de açıkladı. Hâmân, sihirbazları bıktırıncaya kadar problemi açıklamaya devam etti... Ücret konusuna dokunmadan uzun uzun anlattı...

Hâmân, sözlerini tamamladığında, sihirbazlardan biri cesaretlendi ve ücret meselesine işaret etti... Fakat Hâmân, ona tepki gösterdi; olayın Firavun'a hizmet etmekle ilişkisi olmasından dolayı ücretten bahsetmenin aptallık olacağını ifade eden cümleler sarfetti... Bu konuda Firavun'u memnun etmek yeterliydi... Sihirbazlar bu sözlere şaşırmadılar, Hâmân'ın, kendilerine Firavun'la buluşmak için bir randevu ayarlamasından sonra üzgün bir şekilde geri döndüler...

Sihirbazlar, kendi aralarında söylenerek dönüp gittiler...

Mısır'daki Sihirbazların kendilerine ait mevkîleri bulunuyordu.

Deniz kıyısında bir sihirbaz: "Hâmân'ın sözleri, sudaki balığa benziyor. Tek bir balık avlamaya izin vermeden onları denizle doyurmaya çalışıyor!" dedi.

Kıble tarafında bir sihirbaz: "Hâmân, göründüğü gibi gerçekten cimri; buluşma anında Firavun'a konuyu açmak gerek!" dedi.

Aynuşşems tarafından bir başka sihirbaz da: "Amacımıza ulaşmak için en kısa yol, açık konuşmak. Ücret konusunu Firavun'la konuşacağım..." dedi.

Başka bir sihirbaz da, bir halk tabiri kullanarak, dayısının kızından utanan kimsenin ondan çocuk sahibi olamayacağını söyledi...

O hâlde, utanmaya gerek yoktu...

Ücret konusunu Firavun'a açacaklardı... Firavun ile olan pazarlıkları sona erinceye kadar sessiz kalması için Hâmân'ı büyülemeleri gerekiyordu...

Sihirbazlar, her konuyu konuştular... Konu, Mûsâ'nın kendisine hiç gelmedi... O'nun yenilgisi, tartışılacak herhangi bir dert olmayı hak etmiyordu.

Bayram günü yaklaştı... Firavun, Mûsâ'ya, Mısır sihirbazlarıyla karşılaşacağı bir randevu ayarladı... Sihirbazlar, Hâmân'ı başını ayaklarından ayıramayacak derecede oluncaya kadar büyüleme konusunda anlaştıktan sonra meşhur Firavun ile buluşmaya gittiler...

FİRAVUN VE KÂHİN'LERİN PAZARLIĞI

Sihirbazlar, Firavun ve Hâmân'ın huzuruna girdiler...

Secde ettiler, sonra başlarını kaldırdılar... Hâmân:

"Yüce efendim... Bunlar, Mısır sihirbazlarıdır... Aralarında, sihirbazlık sanatını, garipliklerini ve inceliklerini en iyi bilenler var... Mısır'ın dört bir yanından gelmeleri için onlara haberciler göndermiştik...Ve... ve..."

Hâmân'ın dili tutuldu... Sihirbazlardan biri, içeriye girdiği ilk andan itibaren Hâmân'ın üzerine odaklanmış, gözlerinden yayılan güçlü bir ışığa maruz bırakmıştı... Okuyan kimsenin dilini bağlayan, geçici bir süre bilincin kaybına neden olan putperest sığınma sözlerini tekrarlayıp duruyordu.

Hâmân, büyülendiğinden sustu, konuşmasını yarıda kesti. Firavun, sihirbazlara yaklaştı ve onlara:

"Hâmân, mukaddes göreviniz konusunda sizinle konuştu mu?" diye sordu. Sihirbazların en yaşlısı:

"Hangi görev, efendim?" diye sordu. Firavun:

"Mûsâ'yı yenilgiye uğratmak... Bugünkü en büyük probleminiz işte bu" dedi. En yaşlı sihirbaz:

"Bu problem değil efendim... Bu kolay bir iş... Başka bir problem var." dedi. Firavun:

"O hâlde problem ne?" diye sorunca, yaşlı sihirbaz:

"Ücret..." dedi.

Firavun, yaşlı sihirbazın ne kastettiğini anlayamadı...
Sihirbaz, kendilerine ne vereceklerini anlamak tarzında ona
soru sordu:

"Eğer üstün gelirsek, bizim için bir ücret var mı?" diye
sordu. Firavun:

"Evet, hem de siz mutlaka yakınlarımdan olacaksınız."
(7/A'raf, 114) dedi.

Salondaki yerinde, Hâmân, öfke ve nefret hisleri içinde
sahneyi izliyordu...

Aşağılık sihirbazlar, ücret konusunu nasıl Firavun'a
açabildiler... Aynı konuyu kendisine açmışlar, o da onları
azarlamış, onlar da susmak zorunda kalmışlardı... Onların
önemsiz bir konuyu ülkenin hükümdarı, efendisi ve tanrısı-
na açmalarının çok ayıp bir şey olduğunu anladıklarını san-
mıştı... Fakat Hâmân, konuşamayacağını hissediyordu... Di-
li, boğazında düğümlenmişti... Ağzında, dikenli bir otun
tamamını yediği hissi vardı... Ücret konusunda sihirbazları
ikna etmek, onlarla konuşmak istiyordu, ancak konuşma
konusunda kendisini yorgun hissediyordu... Sihirbazlar, Fi-
ravun'a, Mûsâ'yı yenmek için ekstra hiçbir şey yapmaya ge-
rek olmadığını söylemeye başladılar...

Bir devin, kuru bir ağaçtan bir dal kırması gibi Mûsâ'yı
yenecekler ve onu ikiye ayıracaklardı...

Firavun sihirbazlara, sihirbazlar da Firavun'a güvendi.
Gitmeye karar verdiler. Sihirbazların en büyüğü, Hâmân'a
sihir yapan ve onun dilini gırtlağına yapıştıran sihirbaza
baktı. Sihirbaz, başka bir tılsım okumaya başladı, böylece
Hâmân'ın bağını çözdü... Firavun, Hâmân'a:

"Bu sihirbazlar hakkındaki görüşün nedir?" diye sorarken, sihirbazlar oradan ayrılıyorlardı. Hâmân:

"Köpekler, efendim... Onlar, gerçekten paraya aç köpekler..." dedi.

FİRAVUN VE
SARAYINDAKİ SOYTARILAR

Bayram günü yaklaştı.

Bütün Mısır, Hâmân'ın, halkın arasında düzenlediği güçlü propaganda sebebiyle o güne hazırlanmıştı... Mısır halkının tamamı, tek bir görüşte, Firavun'un görüşünde idi. Firavun'un sarayındaki soytarılar, Mûsâ hakkında binlerce espri yapıyorlardı. Mûsâ ile dalga geçmek, Firavun'a yaklaşmak ve onun dostluğunu kazanma tarzıydı; bu, onun kalbine giden en kısa yoldu...

Mûsâ, Mısırlıların kalbinde ve dilinde dile gelen, alay edilen bir gülme konusuna dönüştü... Mûsâ'nın kavmine gelince, onlar Hâmân'ın direktiflerine ve açıklamalarına uygun bir şekilde davranıyorlardı... Bunlar, Mûsâ'ya îmân eden, onun çağrısına uyan ya da sadece İsrailoğullarının Mısır'dan çıkacağı fikrini kabul eden kimselerin işkenceye uğratılacağı yönündeki açıklamaları idi...

...

"Firavun ve kavminin kendilerine işkence etmesinden korkuya düştükleri için kavminden bir gurup gençten başka kimse Mûsâ'ya îmân etmedi. Çünkü Firavun, yeryüzünde ululuk taslayan (bir diktatör) ve haddi aşanlardan idi." (10/Yunus, 83)

...

Mûsâ'nın kavmi, aralarında Mûsâ'nın varlığına izin verdiklerinden dolayı işkenceye uğradılar… Yavaş yavaş, kalplerindeki çıkış konusundaki hayâller sönmeye başladı… Mûsâ, kavminin işkenceye uğratıldığını anladı… Onlara şöyle dedi:

"Mûsâ dedi ki: Ey kavmim! Eğer Allah'a inandıysanız ve O'na teslim olduysanız sadece O'na güvenip dayanın. Onlar da dediler ki: "Allah'a dayandık. Ey Rabbimiz! Bizi o zalimler topluluğu için imtihan konusu kılma! Ve bizi rahmetinle o kâfirler topluluğundan kurtar!" (10/Yunus, 84-86)

Bu duâ, Mûsâ'nın kavmindeki müminlerin güç yetirebildiği tek şeydi… Zalim Firavun'un karşısındaki tek silahları, duâydı.

…

Bayram günü geldi…

Gün doğmadan önce, Mûsâ'nın paramparça olacağı ve yenileceği, Firavun'un ise gâlip gelip muzaffer olacağı açık bir şekilde görülmeye başlamıştı…

İnsanlar, kuşluk vakti toplandılar… Muhafızlar, insanları, Mûsâ'nın yenilgisini seyretmek için hazırlanmış müthiş alandaki yerlerine götürdüler…

En görünür ve açık yer, Firavun ve kavminin büyükleri için ayrıldı. Güneşin sıcağından Firavun'un başını korumak için, renkli ipekten yapılmış bir şemsiye ile gölgelendiriliyordu.

Mûsâ, Hârûn ve kavminin bazı önde gelenleri için de bir yer ayrılmıştı…

Bir yer de, sihirbazlara ayrılmıştı…

Mısırlıların toplandığı devasa bir meydan vardı...

Sihirbazlar meydana geldiğinde, insanlar alkışladılar... Firavun geldiğinde de alkışladılar... Mûsâ meydana geldiğinde ise ağır bir sessizlik hâkim oldu...

Hâmân, meydana doğru ilerleyip, Mûsâ'ya işaret ederek:

"Güzeli kabul etmeyen ve hükümdar-tanrıya boyun eğmeyen bu yalancı sihirbaz, Mısır Firavunu'na meydan okumak için gelmiş... O'na haddini bildirmesi için biz de sihirbazları getirdik... Bugün, aramızdan kimin yalancı, kendisini izlememiz için kimin de hak üzere olduğunu öğreneceğiz..." dedi.

Ardından Hâmân, yerine döndü.

FİRAVUN'UN KARŞISINDA MÛSÂ'NIN KORKU HİSSETTİĞİ AN!

Sihirbazlar, Mûsâ'ya doğru ilerlediler ve ona: "Ey Mûsâ sen mi (önce) atacaksın, yoksa atanlar biz mi olalım?" (7/A'raf, 115) dediler. Mûsâ: "Hayır, siz atın!" (20/Tâhâ, 66) dedi. Sihirbazlar: "Firavun'un kudreti hakkı için elbette bizler gâlip geleceğiz" (26/Şuara, 44) dediler. Mûsâ: "Yazık size! Allah hakkında yalan uydurmayın! Sonra O, bir azap ile kökünüzü keser! İftira eden, muhakkak perişan olur" (20/Tâhâ, 61) dedi.

Sihirbazlar geri çekildiler. Sonra karşılaşma için hazırlanmış olan boş meydana doğru ilerlediler... İplerini ve asâlarını attılar...

Meydan, bir anda yılanlarla doldu...

Mısırlılar nefeslerini tuttu; sonra halkın arasına gizlenen Firavun'un danışma kurulu ve yardımcıları, Firavun'a tezahüratta bulunmaya başladılar... Toplanan kalabalık, sevinçten çılgına dönmüş bir aslana dönüşmüştü...

Sihirbazlar, insanların gözlerini büyülemeyi başardılar, onları korkuttular; sihirbazlar, büyük bir sihirde bulunmuşlardı...

Mısırlılar alkışladı... Firavun gülümsedi ve kendi kendine: "Mûsâ hikâyesi sona ermiştir..." dedi. Muhafızlara işaret etti, onlar da kılıçlarını kınlarından çıkardılar ve onu alkışladılar... Mûsâ'ya gelince, Hârûn'la birlikte bu büyük kalabalığın karşısında duruyordu...

Mûsâ'ya karşı insanların alkışları, bir şarkı etkisi yapmıştı...

Mûsâ, kalbinde korku hissetti. Kendi önünde ve insanların önünde yılanlar gibi sürünen sihirbazların iplerini ve asâlarını düşündü...

Âlemlerin Rabbi, Mûsâ'nın korktuğunu biliyordu... Ona, şöyle vahyetti: "Korkma! Üstün gelecek olan kesinlikle sensin. Sağ elindekini at da, onların yaptıklarını yutsun. Yaptıkları, sadece bir büyücü hîlesidir. Büyücü ise, nereye varsa (ne yapsa) iflah olmaz." (20/Tâhâ, 68-69)

...

Mûsâ'nın korkusu kayboldu... Asâsını kaldırdı ve elinden attı...

Mûsâ'nın asâsı yere düşer düşmez, mucize gerçekleşti. Asâ, bir ejderhaya dönüştü, sihirbazların yılanlarına doğru yöneldi. Birer birer onları yutmaya başladı.

Birkaç saniye sonra, Mûsâ'nın ejderhası dışında meydanda hiçbir şey kalmadı. Ejderha, Mûsâ'ya doğru hareket etti; Mûsâ, elini ona uzattı. Ejderha, ilk hâli olan asâya dönüştü.

Ürkütücü bir sessizlik hâkim oldu...

Sihirbazlar, bir sihirbaz karşısında olmadıklarını anladılar. Gerçekten onlar, kendi zamanlarındaki sihirbazların efendileriydiler. Mûsâ'nın getirdiği bu şey, sihir değildi... Bu, mucizevî bir şeydi... Bu, âlemlerin Rabbinden gelen bir mucizeydi. Sihirbazlar, hemen secde ettiler; Mûsâ ve Hârûn'un Rabbine îmân ettiklerini ilan ettiler...

İki kişi, Hâmân ve Firavun şimşek hızında hareket etti...

Hâmân bağırıyordu: "Entrika... Muhafızlar!... Sihirbazları yakalayın..."

Firavun, sihirbazlara doğru ilerlerken:

"Ben size izin vermeden önce nasıl ona îmân edersiniz?... Gerçekten bu bir entrikadır..." dedi. "Bu, hiç şüphesiz şehirde, halkını oradan çıkarmak için kurduğunuz bir tuzaktır. Ama yakında (başınıza gelecekleri) göreceksiniz!" (7/Araf, 123) dedi.

FİRAVUN'UN SİHİRBAZLARI
ÎMÂN EDİNCE

Sihirbazlar, Mûsâ ve Hârûn'un Rabbine îmân edince, hava birden bire gerildi. Firavun, olaya hâkim olamayacağını anladı. Hâmân bağırıyor, bunun bir entrika olduğuna işaret ediyordu...

Firavun, sihirbazları bağlattı...

Sihirbazların en büyüğü, Firavun'a doğru ilerledi ve: "Efendim... Firavun'un izzeti adına size yemin ederim ki, size samimi davranacak, gerçeği söyleyeceğim... Mûsâ'nın getirdiği sihir değildir... O ancak, âlemlerin Rabbinden bir gerçektir... Ben, Mısır'daki sihirbazların en büyüğüyüm ve bunun sihir olmadığını size söylüyorum... Bu, mucizevî bir olaydır..." derken, Firavun sözünü kesti:

"Sus ey köpek!... Sen, Mûsâ ile gizlice anlaştın, ben her şeyi biliyorum... Anlaşmıştınız... İlâhına secde etmesi için Mûsâ sana ne kadar para verdi?" dedi.

Diğer sihirbazlar, en yaşlı sihirbaza yardım etmek için müdâhale ettiler ve Firavun'a, Mûsâ'nın getirdiğinin sihir olmadığını, sadece Allah'ın bir mucizesi olduğunu söylediler...

Firavun, sihirbazların hurma ağaçlarında çarmıha gerilmelerini, elleri ve ayaklarının çaprazlama kesilmesini emretti...

Sihirbazlar, mumya malzemelerini aldılar ve Firavun'a:

"Öyle ise yapacağını yap! Sen, ancak bu dünya hayatında hükmünü geçirebilirsin" (20/Tâhâ, 72) dediler.

Sonra sihirbazlar, Firavun ile olan diyaloglarını, Firavun'un kendilerini azgınlığa ittiğini itirafla sürdürdüler. Şu duâlarıyla Allah'a yöneldiler: "Ey Rabbimiz! Bize bol bol sabır ver, Müslüman olarak canımızı al!" (7/Araf, 126)

Firavun'un emri derhal yerine getirilmeye başladı... Sihirbazlar çarmıha gerildi... Elleri ve ayakları çaprazlama olarak kesildi... Bu, Mısır halkının ve İsrailoğullarının önünde gerçekleşti.

Mısır halkı, önlerinde meydana gelen şeylerden dolayı ürkmüşlerdi... İnsanlar, içgüdüleriyle Mûsâ'nın haklı olduğunu anladılar. Sihirbazlar ona secde etmişlerdi; sihirbazlar ise, Mısır'daki en bilgili insanlardı... Eğer âlimler bir konuda anlaşma sağlamışlarsa, bu, onun doğru olduğunu ifade eder... Firavun onları nasıl çarmıha gerebilir?... Hangi hakla ve niçin?

Bütün bu sorular, sihirbazların çarmıha gerilme, ellerinin ve ayaklarının kesilme sahnesinde eridi... Bu sahne, bütün Mısır halkının önünde cereyan etmişti...

Manzara, aslında kalpleri yerinden oynatmaya ve onları korku ile doldurmaya yeterdi... Hâmân, adamlarına, Mûsâ ile sihirbazlar arasında gerçekleşmiş olan entrika hikâyesini insanlar arasında yaymalarını emretti... Firavun'u yenmek için nasıl anlaşma yaparlardı?.. Mısır halkı, entrika iddiasına kulak vermedi, ancak hareketlerini sınırlayan mutlak bir korkutma, iradelerini yok eden bir iç korku ile bağlıydılar...

O gün akşam olmadı; Mısır, en uzak köşeden en yakın köşeye kadar yeni bir yıldırma dalgasına ihtiyaç duydu...

Hâmân'ın adamlarının yerine getireceği bir yıldırma ve terör hareketi... Bu hareketin hedefi, Mısırlıları korkutmak ve hareketlerini yok etmekti... İsrailoğulları, korkudan dolayı uyuşmuşlardı. Mısır halkının, korkuya batırılmış ekmeği denemeleri için İsrailoğullarını bölüp parçalama zamanı gelmişti. Firavun, İsrailoğullarının kontrol altına alındığı gibi, Mısırlıların da kontrol altında tutulmasına karar verdi.

FİRAVUN'UN ÖFKEDEN
TİTREDİĞİ AN!

Firavun, sihirbazların çarmıha gerilmesinin ilk bölümüne şahit olduktan sonra hükümdarlık sarayına döndü. Öfkeden dolayı titriyordu. En üst düzeyde bir toplantı yapılmasını emretti... Toplantı hemen gerçekleştirildi... Toplantının ilk anlarında, Firavun, Mûsâ'nın basit bir şekilde öldürülmesi fikrini ortaya attı.

"(Firavun): 'Bırakın beni Mûsâ'yı öldüreyim; (kurtarabilirse) Rabbine yalvarsın! Çünkü ben onun, dîninizi değiştireceğinden, yahut yeryüzünde fesat çıkaracağından korkuyorum!' (dedi)." (40/Mü'min, 26)

Bu toplantıya, Firavun hânedânından mümin bir adam da gelmişti. Bu yaşlı ve bilge adam, tarih ve milletler konusundaki ilmiyle tanınıyordu. Bu adam, çağımızdaki ifade ile söylersek, aydın Mısırlı düşünürlerin elit kesimini temsil ediyordu... Bu adam, birtakım şeyler söyledi...

...

"Firavun ailesinden olup, îmânını gizleyen bir mümin adam şöyle dedi: Siz bir adamı 'Rabbim Allah'tır' diyor diye öldürecek misiniz? Hâlbuki o, size Rabbinizden apaçık mucizeler getirmiştir. Eğer o yalancı ise yalanı kendisinedir. Eğer doğru söylüyorsa sizi tehdit ettiğinin (azabın), bir kısmı olsun gelip size çatar. Şüphesiz Allah, haddi aşan, yalancı kimseyi doğru yola eriştirmez." (40/Mü'min, 28)

Firavun: "Ben size kendi görüşümü söylüyorum ve yine size ancak doğru yolu gösteriyorum" (40/Mü'min, 29) dedi.

...

Bilge Mısırlı komutanın ortaya attığı fikir, Mûsâ'nın apaçık mucizelerle gelmiş olduğu idi... Çağrısının doğrulayan bir delille gelmişti. Eğer o bir yalancı ise, yalanının cezasını alırdı. Eğer doğru ise –ki bu daha ağır basan bir ihtimaldi- bu, Mûsâ'ya herhangi bir şekilde dokunmamaları konusunda tedbirli olmalarını gerektiriyordu. Mısırlı komutan bu şekilde konuştu ve delilini gösterdi. Tarihin eski ve yeni olaylarına işaret etti. Uyarı ve öğüdünü özetledi ve Firavun'un görüşüne sundu. Mısırlı yaşlı komutan, tüm konuşmasını temel bir noktadan hareketle sürdürüyordu ki, bu da, Mûsâ'nın doğru söylediği, Allah'tan bir risâletle gelmiş olduğu idi...

Komutanın sözleri, Firavun'un sarayının sınırlarını aşan bir şekilde yankılandı. Hâmân olaya karıştı ve îmânını gizleyen komutanın konuşmasını şu sözlerle kesti:

"Mûsâ yalancıdır; Allah tarafından gönderilmiş değildir. Çünkü Mısır'ın tek ilâhı, Firavun'dur..." Firavun, Hâmân'ın yanında yürümeye başladı. Bu topluluğa, tarihî toplantıda bulunan birçok kişi de katıldı. Ancak komutan, kendi görüşüne katılan iki bilge yaşlı ile kaldı.

Firavun, Mısırlı komutanın görüşlerini tamamen reddederek anlaşmazlığı bitirdi... Onun görüşlerini reddetmek, Mısırlı aydın ve bilge kişilerin görüşlerini reddetmekti...

Böylece Firavun, Mısır âlimleri olan sihirbazları, Allah'a îmân ettiklerinde çarmıha gerdi. Mısırlı aydınlar, görüşleri kabul edilmeyince yenilgiye uğradılar... Bunun sonucunda

Firavun, âlimler ve aydınlara karşı gâlip geldi... Bütün Mısır artık cebindeydi...

İstemiş olduğu yönde direktiflerde bulunmak için artık özgürdü... Âlimlerini kaybettiğinde ve düşünceleri reddedildiğinde, Mısır kaybetti ve olay sona erdi. Mısır, tek bir görüşü, Firavun'un görüşünü kabul etmek zorunda kaldı.

Firavun, kendi kendine: "Ne kadar da ahmağım?.. Niçin Mûsâ'yı öldürme düşüncesini tartışmak için bir toplantı düzenledim? Niçin önce onu öldürmüyor, daha sonra bu düşüncenin etkilerini tartışmak için bir toplantı yapmıyoruz?" dedi.

SON SAHNE FİRAVUN'UN SONU

Son sahneye ulaşabilmek için birçok satırı atlayacağız...

Güneşli bir sabah, Firavun, sarayının bahçesindeki çiçekleri düşünüyor, güneşin ısısını hissediyordu... Hâmân, endişe verici bir haberle hızlı hızlı içeri girerken, haberin Firavun üzerindeki etkisini azaltmaya çalışıyordu... Haber, Mûsâ'nın dün gece kavmiyle birlikte, gecenin karanlığında yola çıktığını söylüyordu... Hâmân, adamlarına, onları Mısır'a geri getirmelerini emretmişti...

Firavun, olayın orduya ihtiyaç duyduğunu gördü, ordunun hareket etmesini ve hükümdarlık arabasının hazırlanmasını emretti... Şimdi, son sahneye daha fazla yaklaşıyoruz...

Firavun, savaş arabasında; Mûsâ ve kavmi, gözlerden uzakta yüksek tepelerde idi. Önlerinde bir engel olarak deniz duruyordu... O'nu geçme konusunda herhangi bir ümit de yoktu.

Firavun, acil bir şekilde başkomutanın karargâhı olarak hazırlanan ipek çadırında dinleniyordu. İsrailoğullarını eline geçireceği düşüncesinden dolayı kalbi huzurluydu.

Bir subay çadıra girdi, Firavun'a secde etti ve:

"Efendim! Mûsâ ve kavminin önünde deniz ikiye yarıldı. Onlar şu anda denizi geçiyorlar!" dedi. Hâmân:

"Yanlış mı işittim yoksa sen mi yanlış söyledin?... Ne diyorsun?... Deniz nasıl yarılır?" diye sordu.

Subay: "Firavun'un onur ve yüceliği adına yemin ederim ki, ben olanları anlatıyorum!" dedi.

Firavun, alaycı bir şekilde: "Fazla içmedin değil mi?... Sarhoş değilsin, değil mi?" dedi.

Hâmân, durumu değerlendirdi ve iki subayın denize gönderilmesini emretti. İçki içtikleri hiç görülmemiş subaylardan iki kişi seçildi. Onlar da aynı haberle geri dönünce, Firavun, Mısır ordusuna ilerlemesini ve Mûsâ'nın ardından denizi yarıp geçmesini emretti... Firavun'un altından yapılmış olan arabası hazırlandı.

Firavun gemisine bindi. Gemi ilerlerken, homurdanıyordu: "Mûsâ, denize büyü mü yaptı?"

İçinde, ruhunu sıkan, zâlim bir intikam hissediyordu... O, Allah'tan hoşlanmıyor, O'nun kürsüsüne oturmak istiyordu...

Mûsâ'yı öldürme fikri, tamamen aklına hâkim olmuştu...

Mûsâ'yı öldürememenin, daha sonraki olaylara davetiye çıkaran temel bir neden olacağını ve olayların çığırından çıkacağını düşünmeye devam etti...

Eğer, hikâyesini anlatmak için geldiği ilk gün Mûsâ'nın öldürseydi, bütün bunlar olmazdı...

Hâmân, savaş gemisinde Firavun'un yanında duruyordu...

Gemiyi yöneten oydu...

Gemi, parlak zincirleri çekerek ilerliyordu... Sonra, Mûsâ'nın asâsının denizi yardığı kuru yola girdi...

Firavun, yola baktığında, yolun kuru olduğunu gördü... Yolun her iki yanına bakınca, dalgaların olduğunu gördü. Orduya, ilerlemesini emretti, ordu da ilerledi...

Firavun, yolun çevresinde birbirine karışan dalgalara baktı ve korktuğunu hissetti...

Geminin dönmesini emretmek istedi, ancak vakit çok geçti...

Dalgalar geldi... Zâlîm Firavun'un yüzüne çarptı ve

Dalgalar denizle birleşti. Yol kayboldu.

Su perdesi, sahneyi kapattı....

Allah'ım Sen bizi Firavun'un sonu gibi gafil eyleme....

Allah'ım Sen bizi Firavun'ların zûlmunden koru.....

Allah'ım Sen bizi îmânlı ölmeyi nasip eyle......

Âmin... Âmin... Âmin...

İÇİNDEKİLER

Kitaptan Anladıklarımız :

Kitaptan Anladıklarımız :

....
....
....
....
....
....
....
....
....
....
....
....
....
....
....
....
....
....
....
....
....
....
....
....
....
....
....
....

BURÇ
YAYINEVİ
"oku"mak gerek...
Aziziye Mah. Mevlânâ Cad. Hendem Sait Çelebi Sok.
Selimiye Çarşısı No:7/C Karatay/KONYA
burckitap.com / kaledagitim@hotmail.com
Tel: 0.332.353 89 05